AF544243

IMPRESSUM

Math. Lempertz GmbH
Hauptstraße 354
53639 Königswinter
Tel.: 02223 / 90 00 36
Fax: 02223 / 90 00 38
info@edition-lempertz.de
www.edition-lempertz.de

Dieses Kochbuch wurde nach bestem Wissen und Gewissen verfasst. Weder der Verlag noch der Autor tragen die Verantwortung für ungewollte Reaktionen oder Beeinträchtigungen, die aus der Verarbeitung der Zutaten entstehen.
Der Markenname „Thermomix" ist rechtlich geschützt und wird nur als Bestandteil der Rezepte verwendet. Für Schäden, die bei der Zubereitung der Gerichte an Personen oder Küchengeräten entstehen, wird keine Haftung übernommen. Bitte beachte die Anwendungshinweise der Gebrauchsanweisung deines Thermomixgerätes.

www.facebook.com/MIXtippRezepte

Titelbild: Adobe Stock
Lektorat: Annemarie Ulrich
Layout/Satz: Kerstin Pfeiffer
Produktion: NEOGRAFIA, a.s., Slowakei, www.neografia.sk

ISBN: 978-3-96058-319-6

Fotos:
©Adobe Stock: Marius, Syda Productions, alex_cardo, Galina's Tales, beats_, mellevaroy, Mallivan, creativefamily, Olga Sidel'nikova, marisc, annapustynnikova, FomaA, Mara Zemgaliete, fotoskaz, Andrey Popov, Альбина Саженюк, Irina Schmidt, Africa Studio, Diane, M.studio, Stefan, anna_shepulova, sommersprossen
©Jo Kirchherr

SYLVIA LÜHERT

Muffins & Cupcakes

KOCHEN MIT DEM THERMOMIX®

LEMPERTZ

Inhalt

Schokoladige Muffins

Herzhafte Muffins

Cupcakes

„Manchmal hilft ein Törtchen mehr als tausend Wörtchen!"

Liebe Thermomixfreunde,

Kennt ihr das nicht auch? Man hat totalen Appetit auf ein Stück Kuchen, aber einen ganzen Kuchen zu backen, ist viel zu viel und der Bäcker ist auch nicht gleich um die Ecke. Die perfekte Alternative stellen Muffins und Cupcakes dar. Kuchen und Torten im Miniaturformat. Es gibt kaum einen klassischen Kuchen und kaum eine klassische Torte, die sich nicht auch als Muffin oder Cupcake nachbacken lässt. Wir sind den kleinen Kuchenträumen vollkommen erlegen. Unsere Autorin Sylvia Lühert hat für dieses Buch eine bunte Mischung zusammengestellt. Ob fruchtig, sahnig oder schokoladig – für jeden ist etwas dabei. Wie wäre es mal mit einer Wiener Sachertorte im Muffinformat oder einem sommerlich frischen Raffaello-Cupcake?

Mithilfe dieser Rezepte und deinem Thermomix® ist jeder Kuchentraum schnell erfüllt! Ob als Seelentröster oder für den nächsten Kindergeburtstag: Muffins und Cupcakes runden jede Gelegenheit ab!

Antje Watermann

Herausgeberin, Edition Lempertz

Cupcake oder Muffin?

Worin liegt der Unterschied?

Hast du dich auch schon einmal gefragt, was genau den Unterschied zwischen Muffins und Cupcakes ausmacht? Sobald man einen Muffin mit einem Topping versieht, fällt es irgendwie gar nicht mehr so leicht, eine klare Grenze zwischen den zwei Gebäcksorten zu ziehen. Vielleicht hilft es ja, wenn man einfach reinbeißt …? Natürlich muss hier parallel gearbeitet werden: Auf einen Biss in den Muffin folgt einer in den Cupcake, und so weiter, bis er aufgegessen ist – man muss schließlich gut abwägen.

Das Aussehen

Auf den ersten Blick sticht natürlich die Haube eines Cupcakes ins Auge. Mit seinem hübschen Häubchen, seinen bunten Streuseln und Verzierungen hat er einfach ein edleres Aussehen als sein Weggefährte, der Muffin. Und das führt dann manchmal dazu, dass Cupcakes Muffins auf der Kaffeetafel ein wenig blass aussehen lassen. Muffins sind da einfach nur bodenständiger, sie sind eben einfach gestrickt. Nichtsdestotrotz sind sie mindestens genauso lecker.
Bei Muffins darf aus optischen Gründen beim Backen die Oberfläche aufplatzen. Bei Cupcakes ist eine eher glatte Oberfläche erwünscht. Denn wenn sie im Ofen flach bleiben, hält auch das Topping besser, das meist aus einer Haube aus Sahne oder Buttercreme besteht. Als Synonym für das Wort „Topping“ wird oft auch „Icing“ oder „Frosting“ verwendet. Manchmal sind Cupcakes auch mit Marmelade oder Curd gefüllt.

Der Teig

Der typische Muffin hierzulande wird in einer Muffinform oder in Muffinförmchen aus Papier gebacken. Üblicherweise vermischt man zunächst die trockenen Zutaten miteinander, dann die flüssigen und am Schluss wird dann die flüssige Mischung mit der trockenen vermengt. Es wird aber alles nur grob vermischt, da kein homogener, glatter Teig entstehen soll. Der Muffin erhält seine Süße oft nicht nur durch Zucker, sondern durch Zutaten wie Schokoladenstücke, Nüsse oder Beeren. Cupcakes erhalten ihre Süße durch Aromen. Der gebackene Muffinteig sollte gut aufgehen und eine grobporige Textur aufweisen, während der Teig von Cupcakes eher zart und feinporig ist. Bei Cupcakes wird vor allem Butter (oder Margarine) als Fett verwendet, wohingegen bei Muffins stattdessen auch Öl genutzt wird. Manchmal verwendet man für den

Muffinteig auch Vollkornmehl, Haferflocken oder Ähnliches, für einen gesunden Touch. Daher kommen Muffins oft auch schon zum Frühstück auf den Tisch, werden wie ihre Artgenossen, die Cupcakes, meist aber zum Nachtisch genossen.

Die Herkunft

Bereits Mitte des 19. Jahrhunderts waren Muffins ein äußerst beliebtes Gebäck in England. Allerdings war diese ursprüngliche englische Variante ein flaches, süßes Hefeteiggebäck, das – mit oder ohne Belag – zum Tee gereicht wurde. Man vermutet, dass sich „Muffin" vom altfranzösischen Wort „moufflet" ableitet, was so viel heißt wie „weich". Der Wandel vom Hefe- zum Rührteiggebäck vollzog sich mit der Auswanderungswelle nach Amerika. In Amerika wurden Muffins insbesondere aufgrund ihrer einfachen Art der Zubereitung schnell populär und gelangten so auch nach Europa. Der Name „Cupcake" leitet sich davon ab, dass der Teig ursprünglich in einer Tasse (engl. „cup") gebacken wurde. In heutigen amerikanischen Kochrezepten ist der amerikanische Cup noch weithin in Gebrauch. Auch wenn „cup" wörtlich übersetzt „Tasse" heißt, handelt es sich hier um ein genormtes Gefäß (1 Cup entspricht in den USA 240 ml). Der bis heute anhaltende Trend begann in den 1990er Jahren in New York. Nachdem die kleinen Törtchen in Amerika bekannt wurden, schwappte der Trend nach Kanada und Großbritannien über und gelangte schließlich auch in etwas abgeschwächter Form zu uns.

Natürlich erfüllen nicht alle Muffin- und Cupcakerezepte aus diesem Buch immer vollkommen die genannten Unterscheidungskriterien, denn mittlerweile werden Muffins genauso süß zubereitet wie Cupcakes. Oft verschwimmen die Grenzen zwischen Muffins und Cupcakes. Für die älteren Familienmitglieder sind wahrscheinlich trotzdem alles Muffins und das andere ist „neumodischer Kram".
Aber ob ihr nun Cupcakes oder Muffins backen möchtet: Wenn ihr neue anregende Rezepte sucht, die ihr in eurem Thermomix® zubereiten könnt, dann ist dieses Buch genau das Richtige für euch! Und ist es nicht eigentlich auch egal, wie dieser ganze Kram heißt, so lange er schmeckt?!

Fruchtige Muffins

Aprikosen-Schmand-Muffins

12 Stück

leicht

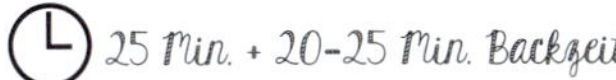
25 Min. + 20–25 Min. Backzeit

Zutaten

Für den Teig:
160 g Butter, weich
+ zum Einfetten
100 g Zucker
1 Päckchen Vanillezucker
2 Eier, Größe M
230 g Weizenmehl, Type 405
1 Prise Salz
2 TL Backpulver

Für die Creme:
1 Ei, Größe M
200 g Schmand
1 Spritzer Zitronensaft
10 g Puderzucker

Für den Belag:
1 Dose Aprikosen, 240 g Abtropfgewicht
50 g Butter, kalt
100 g Weizenmehl, Type 405
50 g Zucker
1 Prise Salz

1. Heize den Backofen auf 180°C Ober-/Unterhitze vor und fette die Muffinform mit etwas Butter ein oder lege sie mit Muffinförmchen aus Papier aus.

2. Rühre für den Teig Butter, Zucker und Vanillezucker im Mixtopf 2 Minuten/ Stufe 3 schaumig. Setze den Schmetterling in den Mixtopf ein und verrühre die Zutaten 1 Minute/ Stufe 3 und gib dabei nacheinander die beiden Eier durch die Deckelöffnung hinzu. Danach entfernst du den Schmetterling und schiebst den Teig mit dem Spatel nach unten. Vermische in einer separaten Schüssel Mehl, Salz und Backpulver und gib die Mischung in den Mixtopf dazu. Verrühre die Zutaten 1 Minute/ Stufe 3 und verteile den Teig mithilfe von 2 Teelöffeln in die Mulden der Backform. Reinige den Mixtopf.

3. Für die Creme setzt du den Schmetterling in den Mixtopf ein und verrührst darin Ei, Schmand, Zitronensaft und Puderzucker 30 Sekunden/ Stufe 3 miteinander. Entferne den Schmetterling, verteile die Creme auf dem Teig in den Mulden und reinige den Mixtopf.

4. Als Nächstes lässt du die Aprikosen in einem Sieb abtropfen und halbierst 6 davon. Setze jeweils eine Aprikosenhälfte auf die Creme in die Mulden. Den Rest der Aprikosen schneidest du klein und verteilst sie ebenso in die Mulden. Für die Streusel verrührst du Butter, Mehl, Zucker und Salz im Mixtopf 15 Sekunden/ Stufe 4. Knete den Teig mit den Fingern zu Streuseln und verteile diese auf den Aprikosen. Backe die Muffins im vorgeheizten Ofen ca. 20–25 Minuten/ 180°C Ober-/Unterhitze.

Blaubeer-Muffins

Zutaten

Für die Streusel:
100 g Zucker
25 g Weizenmehl, Type 405
15 g Sonnenblumenöl

Für den Teig:
110 g Butter, weich + zum Einfetten
200 g Zucker
2 Eier, Größe M
2 TL Vanilleextrakt
120 g Milch, 1,5 % Fett
260 g Weizenmehl, Type 405
1 Prise Salz
1 ½ TL Backpulver
250 g Blaubeeren, frisch, gewaschen

1. Heize als Erstes den Backofen auf 180 °C Ober-/Unterhitze vor und fette die Muffinform ein oder lege sie mit Muffinförmchen aus Papier aus.

2. Für die Streusel verrührst du Zucker, Mehl und Öl im Mixtopf 15 Sekunden/ Stufe 5 und füllst die Streusel in eine Schüssel um.

3. Als Nächstes rührst du für den Teig Butter und Zucker im Mixtopf 1 Minute/ Stufe 4 cremig und gibst dann Eier, Vanilleextrakt und Milch dazu. Verrühre die Zutaten 30 Sekunden/ Stufe 4, füge Mehl, Salz und Backpulver hinzu und verrühre erneut die Zutaten 30 Sekunden/ Stufe 4.

4. Wasche die Blaubeeren, tupfe sie trocken und mische sie vorsichtig mit dem Spatel unter den Teig. Verteile den Teig mithilfe von 2 Teelöffeln in die Mulden der Backform und toppe die Muffins mit dem Streuselgemisch. Backe die Muffins im vorgeheizten Backofen ca. 20–25 Minuten/ 180 °C Ober-/Unterhitze. Führe am Ende der Backzeit eine Stäbchenprobe durch und falls noch Teig am Stäbchen kleben bleibt, verlängere die Backzeit um ein paar Minuten.

Blaubeer-Käsekuchen-Muffins

Zutaten

Für den Boden:
150 g Weizenmehl, Type 405
50 g Puderzucker
100 g Butter, kalt + zum Einfetten
1 Eigelb, Größe L
1 Prise Salz
Abrieb von ½ Bio-Zitrone

Für die Füllung:
35 g Speisestärke
30 g Milch, 1,5 % Fett
200 g Sahne
130 g Zucker
250 g Magerquark
2 Eigelb, Größe M
1 TL Vanilleextrakt
1 Prise Salz
1 Bio-Zitrone

Für das Topping:
200 g Blaubeeren, frisch, gewaschen
5 TL Blaubeerkonfitüre

1. Als Erstes verrührst du für den Boden Mehl und Puderzucker im Mixtopf 10 Sekunden/ Stufe 3. Gib Butter in kleinen Stücken dazu und verrühre die Zutaten 1 Minute/ Stufe 3. Danach gibst du Eigelb, Salz und Zitronenabrieb hinzu und verrührst die Zutaten wieder 1 Minute/ Teigknetstufe zu einem glatten Teig. Hole den Teig aus dem Mixtopf und presse ihn zu einer flachen Scheibe. Wickele die Scheibe in Frischhaltefolie und lege diese für mind. 30 Minuten in den Kühlschrank.

2. Heize den Backofen auf 175°C Ober-/Unterhitze vor und fette die Muffinform ein.

3. Nach der Kühlzeit teilst du 2/3 des Teiges in 12 Portionen und formst diese jeweils zu einer Kugel. Verteile die Kugeln in die Mulden der Backform und drücke sie auf dem Boden an. Mit dem Rest des Teiges formst du eine Rolle und umrandest damit jeweils den Rand jeder Form. Presse den Teig jeweils an den Rand der Muffinform und stelle die Form bis zur weiteren Verwendung in den Kühlschrank.

4. Verrühre nun in einem Schälchen Speisestärke und Milch mithilfe eines Schneebesens, bis keine Klümpchen mehr zu sehen sind. Fülle Sahne und Zucker in den Mixtopf und erhitze die Mischung 4,5 Minuten/ 100°C/ Stufe 3. Gib dann die Stärkemischung dazu und lass die Mischung 3 Minuten/ 100°C/ Stufe 3 aufkochen und andicken. Fülle die Creme anschließend in eine Schüssel um und reinige den Mixtopf.

5. Als Nächstes vermischst du Quark, Eigelb, Vanilleextrakt, Salz, Zitronensaft und -abrieb im Mixtopf 1 Minute/ Stufe 3. Gib danach die Creme aus der Schüssel hinzu und vermische die Zutaten 30 Sekunden/ Stufe 3 miteinander. Verteile nun die Quarkmasse in die Muffinmulden und backe die Muffins im vorgeheizten Ofen zuerst 15 Minuten/ 175°C Ober-/Unterhitze und

reduziere danach die Gradzahl auf 150°C Ober-/Unterhitze. Backe die Muffins weitere 15 Minuten goldbraun. Nach dem Backen lässt du die Muffins komplett auskühlen.

6. Für die Dekoration wäschst du die Blaubeeren, tupfst sie trocken und vermischst sie mit der Konfitüre. Verteile die Blaubeer-Mischung vorsichtig auf den Muffins und serviere sie.

Fruchtige Erdnuss-Muffins

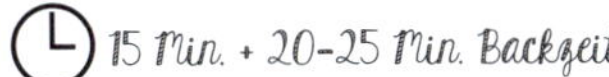

Zutaten

Für den Teig:
90 g Vollkornmehl
100 g Weizenmehl, Type 405
1½ TL Backpulver
1 Ei, Größe M
90 g brauner Zucker
60 g Sonnenblumenöl + zum Einfetten
130 g Erdnussbutter mit Stücken
240 g Buttermilch

Für die Füllung:
90 g Himbeermarmelade

Für den Belag:
Erdnüsse, ungesalzen, gehackt

1. Heize den Backofen auf 180°C Ober-/Unterhitze vor. Fette die Muffinform ein oder lege sie mit Muffinförmchen aus Papier aus.

2. Vermische beide Mehlsorten und Backpulver in einer Schüssel und setze den Schmetterling in den Mixtopf ein. Verrühre nun das Ei im Mixtopf 20 Sekunden/ Stufe 3 und gib Zucker, Öl, Erdnussbutter und Buttermilch hinzu. Verrühre die Zutaten 1 Minute/ Stufe 3 miteinander und entferne anschließend den Schmetterling. Gib die Mehlmischung dazu und rühre sie 1 Minute/ Stufe 3 unter.

3. Verteile die Hälfte des Teiges mithilfe von 2 Teelöffeln in die Mulden der Backform. Gib jeweils 1 TL Himbeermarmelade auf jedes Teigteil und verteile dann auch den Rest des Teiges in die Förmchen. Bestreue die Muffins mit den gehackten Erdnüssen und backe diese auf mittlerer Schiene im vorgeheizten Ofen ca. 20–25 Minuten/ 180°C Ober-/Unterhitze. Führe am Ende der Backzeit eine Stäbchenprobe durch und falls noch Teig am Stäbchen kleben bleibt, verlängere die Backzeit um ein paar Minuten. Lass die Muffins anschließend auskühlen.

mixtipp
Bestreue den Teig vor dem Einrollen mit Rosinen und gehackten Mandeln.

Zimtschnecken-Apfel-Muffins

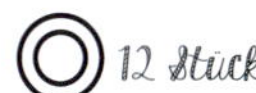

Zutaten

200 g Milch, 1,5 % Fett
½ Würfel Frischhefe
100 g Zucker
100 g Butter, flüssig
500 g Weizenmehl, Type 405
+ für die Arbeitsfläche
2 Eier, Größe M
50 g brauner Zucker
1 TL Zimt
2 Äpfel, geschält, entkernt, in Würfeln
30 g Aprikosenmarmelade

1. Gib als Erstes Milch, zerbröselte Hefe und 50 g Zucker in den Mixtopf und löse die Hefe 3 Minuten/ 37°C/ Stufe 1 auf. Lass die Mischung 5 Minuten ruhen.

2. Füge 50 g Butter, Mehl und Eier hinzu und verknete die Zutaten 5 Minuten/ Teigknetstufe zu einem glatten Teig. Fülle den Teig in eine separate Schüssel um und lass ihn abgedeckt an einem warmen Ort ca. 1 Stunde gehen, bis sich sein Volumen verdoppelt hat.

3. Heize den Backofen auf 170°C Ober-/Unterhitze vor. Fette die Muffinform ein oder lege sie mit Muffinförmchen aus Papier aus.

4. Knete den Teig nach der Ruhezeit mit den Händen gut durch. Rolle den Teig auf einer bemehlten Arbeitsfläche zu einem Rechteck von ca. 30 x 40 cm aus.

5. Vermische in einem Schälchen 50 g Zucker, braunen Zucker und Zimt. Schäle und entkerne die Äpfel, schneide sie in Würfel und vermische sie mit 1 EL der Zucker-Zimt-Mischung.

6. Verstreiche die restlichen 50 g flüssige Butter auf dem Teigquadrat, streue die restliche Zucker-Zimt-Mischung darauf und verteile die Äpfel darauf. Lass an einer kurzen Seite einen ca. 2 cm breiten Rand frei. Rolle den Teig von der kurzen Seite her auf und drücke ihn etwas zusammen. Schneide die Rolle in etwa 3 cm breite Streifen.

7. Setze die Schnecken in die Mulden der Muffinform und backe sie im vorgeheizten Ofen ca. 25 Minuten/ 170°C Ober-/Unterhitze goldbraun. Lass die Muffins auskühlen. Erhitze Aprikosenmarmelade und bestreiche damit die Muffins.

Erdbeer-Muffins mit Streuseln

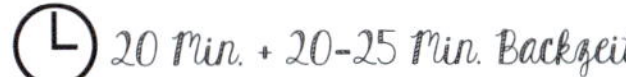

Zutaten

Für den Teig:
60 g weiche Butter
+ zum Einfetten
150 g Zucker
1 Ei, Größe L
1 TL Vanilleextrakt,
z.B. von Dr. Oetker
130 g Weizenmehl,
Type 405
2 TL Backpulver
1 Prise Salz
120 g Buttermilch
100 g Erdbeeren, geputzt,
in kleinen Würfeln

Für die Streusel:
60 g kalte Butter,
in Würfeln
60 g Weizenmehl,
Type 405
50 g brauner Zucker

1. Heize den Backofen auf 175°C Ober-/Unterhitze vor. Fette die Muffinform ein oder lege sie mit Muffinförmchen aus Papier aus. Setze den Schmetterling in den Mixtopf ein. Gib Butter und Zucker in den Mixtopf und schlage die Mischung 1,5 Minuten/ Stufe 3 cremig auf. Füge Ei und Vanilleextrakt hinzu und verrühre die Zutaten 1 Minute/ Stufe 3. Entferne den Schmetterling.

2. Vermische Mehl, Backpulver und Salz. Gib die Hälfte der Mischung in den Mixtopf und verrühre die Zutaten 20 Sekunden/ Stufe 3. Füge die Buttermilch hinzu und verrühre den Teig 20 Sekunden/ Stufe 3. Nun gibst du noch die restliche Mehlmischung dazu und rührst sie 30 Sekunden/ Stufe 3 unter.

3. Hebe die Hälfte der Erdbeerwürfel mit dem Spatel vorsichtig unter den Teig. Fülle den Teig mithilfe von 2 Teelöffeln gleichmäßig in die Mulden der Backform. Belege den Teig mit den restlichen Erdbeeren.

4. Für die Streusel gibst du Butter, Mehl und Zucker in den Mixtopf und verrührst die Zutaten 15 Sekunden/ Stufe 4. Verteile den Streuselteig auf den Erdbeermuffins und backe sie im vorgeheizten Backofen auf der mittleren Schiene für ca. 20–25 Minuten/ 175°C Ober-/Unterhitze.

Herbstliche Nuss-Apfel-Muffins

Zutaten

2 Äpfel (ca. 300 g), geschält, entkernt, in Vierteln
2 EL Zitronensaft
2 Eier, Größe M
1 Eigelb, Größe M
2 EL Honig
100 g Rapsöl + zum Einfetten
1 TL Zimt
½ TL Meersalz
30 g Walnüsse, grob gehackt
30 g Mandeln, gehackt
200 g Zucker
80 g brauner Zucker
1 Tütchen Bourbon-Vanillezucker
140 g Weizenmehl, Type 405
2 TL Backpulver
6 EL Mandelblättchen

1. Als Erstes schälst und entkernst du die Äpfel und gibst sie in Vierteln in den Mixtopf. Zerkleinere die Äpfel 3 Sekunden/ Stufe 5 und fülle sie in eine Schüssel um. Beträufle die Apfelstücke mit Zitronensaft und stelle sie beiseite. Reinige den Mixtopf gründlich.

2. Setze den Schmetterling in den Mixtopf ein und rühre darin Eier und Eigelb 3 Minuten/ Stufe 3 schaumig. Entferne den Schmetterling und gib Honig, Rapsöl, Zimt, Salz, Walnüsse, Mandeln, beide Zuckersorten und Vanillezucker dazu und verrühre die Zutaten 2 Minuten/ Stufe 3.

3. Vermische Mehl und Backpulver in einer Schüssel, gib die Mischung in den Mixtopf hinzu und verrühre die Zutaten 1 Minute/ Stufe 3 zu einem dickflüssigen Teig. Füge auch die Apfelstücke hinzu und mische sie mithilfe des Spatels unter.

4. Heize den Backofen auf 180°C Ober-/Unterhitze vor und fette die Muffinform ein oder lege sie mit Muffinförmchen aus Papier aus.

5. Nun verteilst du den Teig mithilfe von 2 Teelöffeln gleichmäßig in die Mulden der Backform, bestreust die Muffins mit Mandelblättchen und backst sie im vorgeheizten Ofen 35–40 Minuten/ 180°C Ober-/Unterhitze auf der mittleren Schiene goldbraun. Führe am Ende der Backzeit eine Stäbchenprobe durch und falls noch Teig am Stäbchen kleben bleibt, verlängere die Backzeit um ein paar Minuten. Lass die Muffins nach dem Backen auskühlen.

Klassiker

mixtipp
Du kannst die Muffins auch mit einem Schokoguss bestreichen.

Bunte Amerikaner im Muffingewand

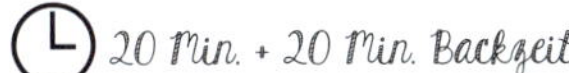

Zutaten

Für den Teig:
100 g Butter, weich
+ zum Einfetten
80 g Zucker
1 Prise Salz
2 Eier, Größe M
1 TL Vanilleextrakt
50 g Milch, 1,5 % Fett
350 g Weizenmehl, Type 405
½ Päckchen Backpulver

Für den Zuckerguss und die Dekoration:
100 g Puderzucker
2 EL Wasser
kleine Schokolinsen, alternativ Fruchtgummis

1. Heize als Erstes den Backofen auf 170°C Ober-/Unterhitze vor und fette die Muffinform ein oder lege sie mit Muffinförmchen aus Papier aus.

2. Für den Teig gibst du Butter in den Mixtopf und setzt den Schmetterling ein. Rühre die Butter 1 Minute/ Stufe 3 schaumig. Schiebe die Reste mit dem Spatel nach unten und gib Zucker, Salz, Eier, Vanilleextrakt und Milch hinzu. Verrühre die Zutaten 2 Minuten/ Stufe 3 und entferne den Schmetterling. Vermische Mehl und Backpulver in einer Schüssel, füge die Mischung in den Mixtopf hinzu und verrühre die Zutaten 1 Minute/ Stufe 3.

3. Verteile den Teig mithilfe von 2 Teelöffeln in die Mulden der Backform und backe die Muffins im vorgeheizten Ofen ca. 20 Minuten/ 170°C Ober-/Unterhitze goldbraun. Führe am Ende der Backzeit eine Stäbchenprobe durch und falls noch Teig am Stäbchen kleben bleibt, verlängere die Backzeit um ein paar Minuten. Lass die Muffins anschließend zum Verzieren abkühlen.

4. Nach dem Abkühlen verrührst du in einer Schüssel Puderzucker mit Wasser zu einem glatten Zuckerguss und bestreichst damit die Muffins. Verziere zu guter Letzt die Muffins mit Schokolinsen oder Fruchtgummis.

Flotte Biene

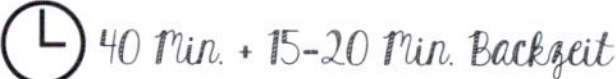

Zutaten

Für den Teig:
200 g Quark, 20 % Fett
45 g Milch, 1,5 % Fett
45 g Rapsöl + zum Einfetten
100 g Zucker
1 ½ Päckchen Vanillezucker
400 g Weizenmehl, Type 405
1 ½ Päckchen Backpulver

Für den Belag:
50 g Butter, weich
100 g Zucker
½ Päckchen Vanillezucker
5 g Milch, 1,5 % Fett
100 g Mandeln, gehobelt

Für die Füllung (Vanillepudding):
500 g Milch, 1,5 % Fett
2 Eigelb, Größe M
50 g Zucker
1 Prise Salz
30 g Speisestärke, mit etwas Wasser angerührt
½ Vanilleschote
200 g Sahne, kalt

1. Heize den Backofen auf 200 °C Ober-/Unterhitze vor und fette die Muffinform ein oder lege sie mit Muffinförmchen aus Papier aus.

2. Fülle für den Teig Quark, Milch, Rapsöl, Zucker, Vanillezucker, Mehl und Backpulver in den Mixtopf und verrühre die Zutaten 1 Minute/ Teigknetstufe zu einem geschmeidigen Teig. Forme aus dem Teig 12 gleich große Kugeln, verteile diese in die Mulden der Backform und drücke sie leicht an.

3. Reinige den Mixtopf gründlich.

4. Für den Belag schmilzt du die Butter im Mixtopf 3 Minuten/ 70 °C/ Stufe 1 und fügst Zucker, Vanillezucker, Milch und Mandeln hinzu. Vermische alle Zutaten 5 Sekunden/ Linkslauf/ Stufe 3 und verteile den Belag auf den Muffins. Backe die Muffins im vorgeheizten Ofen 15–20 Minuten/ 200 °C Ober-/Unterhitze, bis der Belag schön gebräunt ist. Lass die Muffins nach dem Backen auf einem Rost abkühlen.

5. In der Zwischenzeit reinigst du den Mixtopf und bereitest den Pudding für die Füllung zu. Dafür erhitzt du Milch, Eigelb, Zucker, Salz und Speisestärke im Mixtopf 7 Minuten/ 90 °C/ Linkslauf/ Stufe 3. Kratze währenddessen mithilfe eines Löffels das Mark aus der Vanilleschote und gib dieses samt Vanilleschote durch die Deckelöffnung in den Mixtopf dazu. Lass die Zutaten köcheln. Nach der Kochzeit entfernst du die Vanilleschote aus dem Mixtopf und füllst den Pudding zum Erkalten in eine Schüssel um. Reinige den Mixtopf gründlich und spüle ihn gut mit kaltem Wasser aus.

6. Wenn der Pudding erkaltet ist, setzt du den Schmetterling in den Mixtopf ein und schlägst darin die Sahne unter Beobachtung auf Stufe 3 steif. Hebe die geschlagene Sahne mit dem Spatel unter den erkalteten Pudding.

7. Nun schneidest du den oberen Teil der Muffins ab, höhlst sie aus und füllst sie mit dem Vanillepudding. Zu guter Letzt setzt du den oberen Teil der Muffins wieder auf.

mixtipp
Auch ohne die Füllung schmecken die Muffins sehr gut.

Zitronen-Muffins

Zutaten

2 Bio-Zitronen
200 g Butter oder Margarine
+ zum Einfetten
225 g Zucker
1 Päckchen Vanillin-Zucker
1 Prise Salz
4 Eier, Größe M
300 g Weizenmehl, Type 405
1½ Päckchen Backpulver
100 g Schmand

1. Heize den Backofen auf 180°C Ober-/Unterhitze vor. Fette die Muffinform ein oder lege sie mit Muffinförmchen aus Papier aus.

2. Wasche die Zitronen unter heißem Wasser ab, reibe sie trocken und schäle die Schale von 1 Zitrone, z.B. mit einem Zestenreißer, dünn ab. Achte dabei darauf, das Weiße nicht mit abzureiben, da es sonst bitter schmecken kann. Halbiere die Zitrone und presse den Saft aus. Stelle den Zitronensaft zur Seite.

3. Gib Butter, 150 g Zucker, Vanillin-Zucker und Salz in den Mixtopf und rühre die Zutaten 2 Minuten/ Stufe 3 schaumig. Setze den Schmetterling in den Mixtopf ein, gib die abgeriebene Zitronenschale zum Teig dazu und schalte das Gerät auf Stufe 3 ohne Zeiteinstellung. Gib die Eier nach und nach durch die Deckelöffnung hinzu und verrühre die Zutaten schaumig. Das dauert ca. 2 Minuten.

4. Entferne den Schmetterling und schiebe den Teig mit dem Spatel nach unten. Vermische Mehl und Backpulver in einer separaten Schüssel und gib 150 g der Mischung in den Mixtopf dazu. Verrühre die Zutaten 1 Minute/ Stufe 3. Gib den Schmand dazu und verrühre die Zutaten weiter für 1 Minute/ Stufe 3. Nun kannst du auch die restliche Mehlmischung in den Mixtopf dazugeben und alles nochmal 3 Minuten/ Stufe 3 vermischen.

5. Gib den Teig mithilfe von 2 Teelöffeln in die Mulden der Backform und backe die Muffins im vorgeheizten Ofen ca. 20 Minuten/ 180°C Ober-/Unterhitze.

6. Währenddessen schneidest du die zweite Zitrone in dünne Scheiben. Gib 75 g Zucker, Zitronensaft, Zitronenscheiben und 100 g Wasser in den gereinigten Mixtopf und lass die Mischung darin 8 Minuten/ 100°C/ Linkslauf/ Sanftrührstufe kochen.

7. Führe am Ende der Backzeit eine Stäbchenprobe durch und falls noch Teig am Stäbchen kleben bleibt, verlängere die Backzeit um ein paar Minuten. Lass die Muffins anschließend aus-

kühlen. Nimm die Muffins aus dem Ofen und bepinsele sie mit der Hälfte des Sirups. Lass den Sirup einziehen und wiederhole den Vorgang. Verteile die Zitronenscheiben aus dem Sirup auf den Muffins und lass sie auskühlen.

mixtipp
Verziere die Muffins nach Geschmack mit einem Schokoladenguss oder streue einfach Puderzucker darüber.

Marmor-Muffins

12 Stück

leicht
20 Min. + 20–25 Min. Backzeit

Zutaten

125 g Rapsöl + zum Einfetten
110 g Zucker
1 Prise Salz
3 Eier, Größe M
2 gestr. TL Backpulver
250 g Weizenmehl, Type 405
125 g Milch, 1,5 % Fett
10 g Backkakao
1 Päckchen Vanillezucker

1. Heize den Backofen auf 180°C Ober-/Unterhitze vor und fette die Muffinform ein oder lege sie mit Muffinförmchen aus Papier aus.

2. Setze den Schmetterling in den Mixtopf ein und verrühre darin Öl, Zucker und Salz 1 Minute/ Stufe 3. Lass danach die Mischung auf Stufe 3 weiterlaufen und gib nach und nach die Eier durch die Deckelöffnung hinzu. Entferne danach den Schmetterling.

3. Vermische Backpulver und Mehl und gib die Hälfte der Mischung in den Mixtopf dazu. Verrühre die Zutaten 1 Minute/ Stufe 3 und gib 100 g Milch hinzu. Rühre die Milch weitere 10 Sekunden/ Stufe 3 unter. Nun gibst du die restliche Hälfte der Mehl-Backpulver-Mischung dazu und rührst sie 1 Minute/ Stufe 3 ein.

4. Jetzt füllst du mithilfe von 2 Teelöffeln die Mulden der Backform bis gut über die Hälfte mit dem Teig. Zum übrig gebliebenen Teig im Mixtopf gibst du die restlichen 25 g Milch, den Backkakao und den Vanillezucker. Verrühre die Mischung 10 Sekunden/ Stufe 3 und verteile anschließend den dunklen Teig in die Muffinförmchen auf den hellen Teig. Hebe mit einer Gabel spiralförmig den dunklen Teig unter den hellen Teig und backe die Muffins im vorgeheizten Ofen ca. 20–25 Minuten/ 180°C Ober-/Unterhitze. Führe nach der Backzeit eine Stäbchenprobe durch und wenn noch Teig am Stäbchen kleben bleibt, verlängere die Backzeit um ein paar Minuten. Lass die Muffins nach dem Backen gut auskühlen.

Wiener Sacher-Muffins

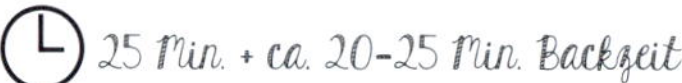

Zutaten

250 g Zartbitterkuvertüre
75 g Milch, 1,5 % Fett
125 g Butter, Zimmertemperatur + zum Einfetten
125 g Zucker
2 Eier, Größe M
50 g Speisestärke
125 g Weizenmehl, Type 405
20 g Backkakao
½ Päckchen Backpulver
100 g Aprikosenmarmelade
20 g Kokosfett
50 g weiße Kuvertüre

außerdem:
Spritzbeutel
Holzspießchen

1. Heize den Backofen auf 200°C Ober-/Unterhitze vor. Fette die Muffinform ein oder lege sie mit Muffinförmchen aus Papier aus. Gib 50 g Zartbitterkuvertüre in den Mixtopf und zerkleinere sie 3 Sekunden/ Stufe 5. Schiebe die Reste mit dem Spatel nach unten. Füge Milch hinzu und lass die Kuvertüre 3 Minuten/ 50°C/ Stufe 2 schmelzen. Fülle die Kuvertüre in eine separate Schüssel um und lass sie auskühlen.

2. Reinige den Mixtopf. Gib Butter und Zucker hinein und rühre beides 2 Minuten/ Stufe 3 cremig. Lass das Gerät auf Stufe 3 weiterlaufen und rühre die Eier im Wechsel mit 25 g Speisestärke ca. 1,5 Minuten unter.

3. Vermische die restlichen 25 g Speisestärke mit Mehl, Backkakao und Backpulver in einer weiteren Schüssel. Lass das Gerät weiterhin auf Stufe 3 laufen und füge die Mehlmischung im Wechsel mit der abgekühlten Kuvertüre hinzu. Das dauert ca. 1 Minute.

4. Gib den Teig mithilfe von 2 Teelöffeln in die Mulden der Backform und backe die Muffins im vorgeheizten Ofen ca. 20–25 Minuten/ 200°C Ober-/Unterhitze. Führe am Ende der Backzeit eine Stäbchenprobe durch, um zu schauen, ob die Muffins durchgebacken sind. Lass sie anschließend auskühlen.

5. Schneide die ausgekühlten Muffins einmal waagerecht durch. Bestreiche beide Schnittflächen mit Aprikosenmarmelade und setze die Muffins wieder zusammen. Setze die Muffins auf ein Kuchengitter.

6. Reinige den Mixtopf. Zerkleinere die restlichen 200 g Zartbitterkuvertüre und gib sie gemeinsam mit 15 g Kokosfett in den Mixtopf. Lass die Kuvertüre 5 Minuten/ 60°C/ Stufe 2 schmelzen. Lass sie anschließend kurz abkühlen. Überziehe die Muffins mit der dunklen Kuvertüre.

7. Reinige den Mixtopf. Gib die weiße Kuvertüre und 5 g Kokosfett in den Mixtopf und lass die Kuvertüre 2 Minuten/ 60°C/ Stufe 2 schmelzen. Lass die geschmolzene Kuvertüre kurz abkühlen, fülle sie dann in einen Spritzbeutel und schneide eine kleine Ecke vom Spritzbeutel ab. Spritze über die dunkle Kuvertüre Streifen der weißen Kuvertüre und ziehe mithilfe eines Holzspießchens die weiße durch die dunkle Kuvertüre. Dazu schmeckt Schlagsahne.

mixtipp
Rühre in die Füllung eine Handvoll Rumrosinen ein.

Mohn-Streusel-Muffins

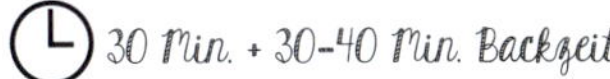

Zutaten

Für den Mürbeteig:
150 g Weizenmehl, Type 405 + für die Arbeitsfläche
100 g Butter, weich, in Stücken + zum Einfetten
50 g Zucker
1 Ei, Größe M

Für die Mohnfüllung:
1 Ei, Größe M
125 g Milch, 1,5 % Fett
125 g Mohn, gemahlen
50 g Butter, weich, in Stücken
50 g Zucker
1 Spritzer Zitronensaft
250 g Magerquark

1. Für den Mürbeteig verrührst du Mehl, Butter und Zucker im Mixtopf 20 Sekunden/ Stufe 4. Gib das Ei dazu und rühre es 30 Sekunden/ Stufe 3 unter. Hole den Teig vorsichtig aus dem Mixtopf und verknete ihn mit den Händen. Wickle den Teig in Frischhaltefolie und lege ihn für 30 Minuten in den Kühlschrank. Reinige den Mixtopf gründlich.

2. Als Nächstes trennst du für die Mohnfüllung das Ei und gibst das Eiweiß in den Mixtopf. Setze den Schmetterling ein und schlage das Eiweiß 1,5 Minuten/ Stufe 4 steif. Fülle den Eischnee anschließend in eine Schüssel um und entferne den Schmetterling.

3. Spüle den Mixtopf aus und koche darin die Milch 3 Minuten/ 100°C/ Stufe 1 auf. Füge dann den Mohn hinzu, verrühre die Mischung 10 Sekunden/ Stufe 3 und lass sie anschließend quellen und auskühlen. Danach gibst du Eigelb, Butter, Zucker, Zitronensaft und Quark zu der kalten Mohnmasse dazu und verrührst die Mischung 1 Minute/ Stufe 3. Hebe danach den Eischnee mit dem Spatel unter die Mischung.

4. Heize den Backofen auf 180°C Ober-/Unterhitze vor und fette die Muffinform ein oder lege sie mit Muffinförmchen aus Papier aus.

5. Währenddessen rollst du den Mürbeteig auf einer mit Mehl bestäubten Arbeitsfläche etwa ½ cm dick aus und stichst mithilfe eines Glases 12 Teigkreise aus. Lege die Böden der Muffinform mit den Teigkreisen aus und bearbeite den restlichen Teig mit den Händen zu Streuseln. Verteile die Mohnmasse auf den Teigböden und bedecke diese mit den Streuseln. Nun backst du die Muffins im vorgeheizten Ofen ca. 30–40 Minuten/ 180°C Ober-/Unterhitze.

Käse-Streusel-Muffins

Zutaten

Für die Streusel:
80 g Butter, kalt, in Stücken
100 g Weizenmehl, Type 405
150 g Zucker
50 g Mandeln, gemahlen
1 Päckchen Vanillezucker

Für die Quarkmasse:
4 Eier, Größe M
125 g Zucker
1 Päckchen Vanillezucker
1 Prise Salz
1 Päckchen Vanillepuddingpulver (für 500 ml Milch zum Kochen)
250 g Speisequark, 20 % Fett
250 g Magerquark
175 g Doppelrahmfrischkäse, z.B. Philadelphia
Saft von ½ Zitrone + 3 EL Zitronensaft
125 g Puderzucker

1. Als Erstes verrührst du für die Streusel Butter, Mehl, Zucker, Mandeln und Vanillezucker im Mixtopf 30 Sekunden/ Stufe 4. Fülle den Teig in eine Schüssel um, knete ihn mit den Händen zu Streuseln und stelle diese kalt.

2. Heize den Backofen auf 200°C Ober-/Unterhitze vor und fette die Muffinform ein oder lege sie mit Muffinförmchen aus Papier aus.

3. Setze den Schmetterling im Mixtopf ein und verrühre darin für die Quarkmasse Eier, Zucker, Vanillezucker, Salz und Puddingpulver 2 Minuten/ Stufe 3. Entferne den Schmetterling und gib beide Quarksorten, Frischkäse und den Saft ½ Zitrone in den Mixtopf hinzu. Verrühre die Zutaten 30 Sekunden/ Stufe 3 und verteile die Quarkmasse mithilfe von 2 Teelöffeln in die Mulden der Backform. Verteile die Streusel auf dem Teig in den Mulden und backe die Muffins im vorgeheizten Ofen ca. 30 Minuten/ 200°C Ober-/Unterhitze. Lass die Muffins nach dem Backen auf einem Kuchengitter auskühlen.

4. Zu guter Letzt rührst du den Puderzucker mit den 3 EL Zitronensaft glatt und bestreichst oder beträufelst damit die Muffins.

Vegane Käsekuchen-Muffins mit Himbeeren

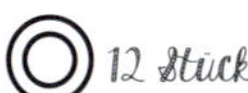

Zutaten

Für den Boden:
300 g Weizenmehl, Type 405
120 g Margarine + zum Einfetten
70 g Agavendicksaft
1 Päckchen Weinsteinbackpulver
30 g Wasser

Für die Füllung:
100 g Margarine, geschmolzen
750 g Vanille-Sojajoghurt
2 Packungen Vanillepuddingpulver, z.B. von RUF
50 g Agavendicksaft

Zusätzlich:
Himbeeren, frisch, gewaschen

1. Heize den Backofen auf 180°C Ober-/Unterhitze vor und fette die Muffinform ein.

2. Gib für den Boden Mehl, Margarine, Agavendicksaft, Weinsteinbackpulver und Wasser in den Mixtopf und verrühre die Zutaten 2 Minuten/ Teigknetstufe zu einem glatten Teig.

3. Teile den Teig in 12 Portionen und kleide damit die Muffinmulden aus. Ziehe dabei einen Rand an den Seiten hoch.

4. Reinige den Mixtopf und gib für die Füllung die Margarine in den Mixtopf. Lass sie 2 Minuten/ 70°C/ Stufe 1 schmelzen und anschließend kurz abkühlen. Setze den Schmetterling in den Mixtopf ein und füge Sojajoghurt, Vanillepuddingpulver und Agavendicksaft hinzu. Verrühre die Mischung 1 Minute/ Stufe 3. Verteile die Füllung auf dem Boden in den Förmchen.

5. Backe die Muffins im vorgeheizten Ofen 20–30 Minuten/ 180°C Ober-/Unterhitze.

6. Lass die Muffins anschließend 1 Stunde bei Zimmertemperatur abkühlen und stelle sie dann für 4 Stunden in den Kühlschrank.

7. Wasche und verlese die Himbeeren. Zerdrücke sie teilweise mit der Gabel und verteile sowohl die zerdrückten als auch die ganzen Himbeeren kurz vor dem Servieren auf den Muffins.

Rübli-Muffins mit Mascarpone-Limettencreme

Zutaten

Für den Teig:
300 g Möhren, geschält, in groben Stücken
120 g Walnusskerne
5 Eier, Größe M
285 g Butter, Zimmertemperatur + zum Einfetten
285 g brauner Zucker
1 Bio-Orange
170 g Weizenmehl, Type 405
2 TL Backpulver
1 Prise Salz
120 g gemahlene Mandeln
1 TL Zimt
1 Prise Muskat

Für die Creme:
120 g Mascarpone
200 g Doppelrahmfrischkäse
85 g Puderzucker
2 Bio-Limetten

Zusätzlich:
gehackte Pistazienkerne

1. Heize den Backofen auf 180°C Ober-/Unterhitze vor. Fette die Muffinform ein oder lege sie mit Muffinförmchen aus Papier aus.

2. Schäle die Möhren und schneide sie in grobe Stücke. Zerkleinere die Möhrenstücke im Mixtopf 5 Sekunden/ Stufe 5. Fülle die Möhrenstücke in eine separate Schüssel um.

3. Gib die Walnüsse in den Mixtopf und zerkleinere sie 5 Sekunden/ Stufe 6. Fülle auch sie um und reinige den Mixtopf. Er muss komplett fettfrei sein.

4. Setze den Schmetterling in den Mixtopf ein. Trenne die Eier und gib das Eiweiß in den Mixtopf dazu. Schlage das Eiweiß 1,5 Minuten/ Stufe 4 steif. Fülle es in eine separate Schüssel um und stelle es bis zur weiteren Verwendung kalt. Entferne den Schmetterling und reinige den Mixtopf.

5. Gib Butter und Zucker in den Mixtopf und rühre die Mischung 3 Minuten/ Stufe 3 cremig. Füge die Eigelbe hinzu und rühre sie 2 Minuten/ Stufe 3 unter. Nun gibst du Orangenabrieb und -saft, Mehl, Backpulver, Salz, Mandeln, Gewürze, Walnüsse und Möhren hinzu und vermischst den Teig kurz mit dem Spatel. Verrühre die Masse mithilfe des Spatels 30 Sekunden/ Stufe 4.

6. Hebe das steifgeschlagene Eiweiß mit dem Spatel unter und fülle den Teig mithilfe von 2 Teelöffeln in die Mulden der Backform. Backe die Muffins im vorgeheizten Ofen ca. 25 Minuten/ 180°C Ober-/Unterhitze. Führe am Ende der Backzeit eine Stäbchenprobe durch und falls noch Teig am Stäbchen kleben bleibt, verlängere die Backzeit um ein paar Minuten. Lass die Muffins vollständig auskühlen.

7. Reinige den Mixtopf und gib Mascarpone, Frischkäse, Puderzucker und Limettenabrieb und -saft hinein. Verrühre die Zutaten 1 Minute/ Stufe 3. Bestreiche die Cupcakes großzügig mit der Creme und dekoriere sie mit gehackten Pistazienkernen und Marzipankarotten.

Kinderlieblinge

Ich bin so glücklich wie ein Einhorn, das auf einem Regenbogen Muffins isst.

Oreo-Muffins

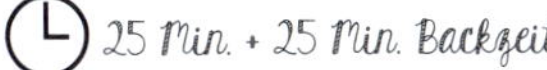

Zutaten

120 g Rapsöl + zum Einfetten
100 g Vollmilchschokolade, in groben Stücken
100 g Zartbitterschokolade, 70 % Kakao, in groben Stücken
3 Eier, Größe M
120 g Puderzucker
120 g Weizenmehl, Type 405
1 TL Backpulver
15 Oreo-Kekse
20 Himbeeren, frisch, gewaschen

1. Heize den Backofen auf 180°C Ober-/Unterhitze vor. Fette die Muffinform ein oder lege sie mit Muffinförmchen aus Papier aus.

2. Gib das Öl mit beiden Schokoladensorten in den Mixtopf und lass sie darin 3 ½ Minuten/ 55°C/ Stufe 1 schmelzen. Fülle die geschmolzene Schokolade anschließend in eine Schüssel um und reinige den Mixtopf.

3. Setze den Schmetterling in den Mixtopf ein und rühre darin Eier und Puderzucker 2 Minuten/ Stufe 3 schaumig. Entferne danach den Schmetterling. Vermische Mehl und Backpulver in einer separaten Schüssel und gib die Mehlmischung in den Mixtopf hinzu. Verrühre die Zutaten 1 ½ Minuten/ Stufe 3 und gib die geschmolzene Schokolade dazu. Vermische die Zutaten 1 Minute/ Stufe 3 und fülle jede Muffinmulde zur Hälfte mit Teig. Nimm hierfür 2 Teelöffel zur Hilfe.

4. Lege nun 1 Oreo-Keks jeweils in jedes, mit Teig gefüllte, Förmchen und verteile darauf den restlichen Teig. Belege anschließend jeden Muffin mit ½ Oreo-Keks und zwei Himbeeren und backe sie im vorgeheizten Ofen ca. 25 Minuten/ 180°C Ober-/Unterhitze. Lass die Muffins nach dem Backen 15 Minuten abkühlen, bevor du sie aus der Form holst.

Kinderschoki-Muffins

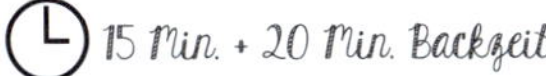

Zutaten

125 g Butter, weich, in Stücken
175 g Zucker
2 Eier, Größe M
300 g Weizenmehl, Type 405
2 TL Backpulver
200 g Milch, 1,5 % Fett
2 Tafeln (250 g) Kinderschokoladen-Riegel, in Stücke gebrochen

1. Zuerst setzt du den Schmetterling in den Mixtopf ein und verrührst darin Butter und Zucker 1 Minute/ Stufe 3 zu einer weiß-cremigen Masse. Schiebe die Reste mit dem Spatel nach unten und verrühre die Masse erneut ohne Zeiteinstellung auf Stufe 3. Gib dabei nacheinander die beiden Eier durch die Deckelöffnung hinzu und lass sie gleichmäßig einrühren.

2. Heize den Backofen auf 200°C Ober-/Unterhitze vor und fette die Muffinform ein oder lege sie mit Muffinförmchen aus Papier aus.

3. Entferne nun den Schmetterling aus dem Mixtopf. Vermische Mehl und Backpulver in einer separaten Schüssel und füge die Mischung in den Mixtopf hinzu. Verrühre die Masse 1 Minute/ Stufe 3 miteinander und gib dann die Milch dazu. Vermische die Zutaten 1 Minute/ Stufe 3. Anschließend brichst du die Kinderschokoladenriegel in kleine Stücke, gibst sie zu der Teigmasse in den Mixtopf und rührst sie mithilfe des Spatels unter. Verteile den Teig mithilfe von 2 Teelöffeln in die Mulden der Backform und backe die Muffins im vorgeheizten Ofen 20 Minuten/ 200°C Ober-/Unterhitze. Lass die Muffins nach dem Backen auf einem Kuchengitter auskühlen.

Kunterbunte Clowns

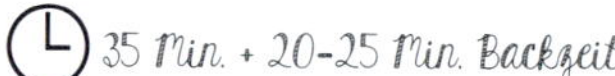

Zutaten

Für den Teig:
250 g Weizenmehl, Type 405
2 TL Backpulver
1 TL Natron
2 Eier, Größe M
150 g Zucker
2 Päckchen Vanillezucker
80 g Rapsöl + zum Einfetten
250 g Saure Sahne

Für den Guss:
200 g Puderzucker
2 EL Zitronensaft
2 EL Milch
Lebensmittelfarbe, rot
Süßigkeiten zum Verzieren, nach Belieben
50 g Zartbitterkuvertüre

1. Heize den Backofen auf 175°C Umluft vor und fette die Muffinform ein oder lege sie mit Muffinförmchen aus Papier aus.

2. Verrühre in einer separaten Schüssel Mehl, Backpulver und Natron und setze den Schmetterling in den Mixtopf ein. Verquirle die Eier im Mixtopf 30 Sekunden/ Stufe 3. Danach fügst du Zucker, Vanillezucker, Öl und Saure Sahne hinzu und verrührst die Zutaten 1 Minute/ Stufe 3. Entferne den Schmetterling, gib die Mehlmischung dazu und verrühre die Zutaten 30 Sekunden/ Stufe 3.

3. Nun verteilst du den Teig mithilfe von 2 Teelöffeln in die Mulden der Backform und backst die Muffins im vorgeheizten Ofen ca. 20–25 Minuten/ 175°C Umluft goldbraun. Führe am Ende der Backzeit eine Stäbchenprobe durch und falls noch Teig am Stäbchen kleben bleibt, verlängere die Backzeit um ein paar Minuten. Reinige den Mixtopf und lass die Muffins nach dem Backen auskühlen.

4. Verrühre Puderzucker, Zitronensaft und Milch in einer separaten Schüssel zu einem dickflüssigen Guss. Entnehme 2 EL vom Guss und verrühre diesen in einer Schüssel mit einem Spritzer Lebensmittelfarbe. Decke die Mischung bis zu ihrer Verwendung mit Folie ab. Den restlichen Guss verteilst du vorsichtig mit einem Teelöffel auf die Muffins und lässt ihn fest werden. Wenn du die Muffins mit Schokolinsen oder Zuckerperlen verzieren möchtest, solltest du sie in den noch nicht ganz fest gewordenen Guss setzen.

5. Nach der Auskühlzeit zerkleinerst du die Kuvertüre im gereinigten Mixtopf 8 Sekunden/ Stufe 8 und schiebst die Stücke mit dem Spatel nach unten. Erhitze die Schokolade 5 Minuten/ 50°C/ Stufe 1 und lass sie anschließend 5 Minuten abkühlen. Fülle dann die flüssige Kuvertüre in einen Gefrierbeutel und schneide eine kleine Ecke davon ab. Zeichne nun mit der Kuvertüre nach Belieben Augen und Münder auf die Muffins. Den

roten Guss füllst du auch in einen Gefrierbeutel und schneidest ebenfalls eine kleine Ecke davon ab. Damit kannst du nach Belieben die Haare, Nasen und auch die Wangen malen, wenn du dort noch keine Schokolinsen zum Verzieren verwendet hast.

Smiley-Muffins

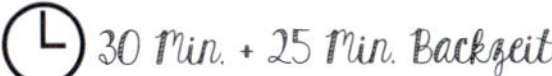

Zutaten

Für den Teig:
125 g Kekse, z.B. Zoo Original Kekse von Leibniz
3 Bananen, geschält, in Stücken
125 g Milch, 1,5 % Fett
1 EL Zitronensaft
100 g Rapsöl + zum Einfetten
2 Eier, Größe M
75 g Weizenmehl, Type 405
2 gestr. TL Backpulver
50 g Puderzucker, gesiebt
1 Päckchen Vanillezucker

Für den Guss:
100 g Puderzucker, gesiebt
ca. 2 EL Orangensaft
Lebensmittelfarbe, gelb

Zum Verzieren:
ca. 24 Zuckeraugen
30 g Puderzucker, gesiebt
Zuckerschrift-Stift mit Schokoladengeschmack (Backregal)

1. Heize den Backofen auf 180°C Ober-/Unterhitze vor und fette die Muffinform ein oder lege sie mit Muffinförmchen aus Papier aus. Für den Teig zerkleinerst du als Erstes die Kekse im Mixtopf 3 Sekunden/ Stufe 8 und füllst sie in eine Schüssel um.

2. Schäle die Bananen und gib sie in Stücken zusammen mit Milch und Zitronensaft in den Mixtopf. Püriere die Mischung 30 Sekunden/ Stufe 10. Setze den Schmetterling ein und gib Rapsöl und Eier dazu. Verrühre die Zutaten 30 Sekunden/ Stufe 3 und entferne den Schmetterling.

3. Als Nächstes vermischst du in einer separaten Schüssel Keksbrösel mit Mehl, Backpulver, Puderzucker und Vanillezucker und gibst diese Mischung zu der Bananenmilch in den Mixtopf. Verrühre die Zutaten 30 Sekunden/ Stufe 3 zu einem glatten Teig und verteile diesen anschließend mithilfe von 2 Teelöffeln in die Mulden der Backform. Backe die Muffins im vorgeheizten Ofen ca. 25 Minuten/ 180°C Ober-/Unterhitze.

4. Nach dem Backen stellst du die Muffinform auf einen Kuchenrost und lässt sie kurz abkühlen. Löse nach etwa 5 Minuten die Muffins aus der Form und lass sie weiter auf dem Kuchenrost erkalten.

5. Für den Guss verrührst du den Puderzucker mit soviel Orangensaft und gelber Lebensmittelfarbe, sodass ein streichfähiger, gelber Guss entsteht. Bestreiche mit dem Guss die Muffins und belege sie für die „Augen" mit je zwei Zuckeraugen. Mit dem Schokoschrift-Stift spritzt du Gesichter auf die Smiley-Muffins und lässt sie fest werden.

Schokolade pur

12 Stück

leicht
20 Min. + ca. 20 Min. Backzeit

Zutaten

200 g Zartbitterschokolade, 70 % Kakao, grob zerkleinert
100 g Butter, weich + zum Einfetten
2 Eier, Größe M
200 g Zucker
1 Päckchen Vanillezucker
250 g Buttermilch
300 g Weizenmehl, Type 405
½ TL Backpulver
1 Prise Salz
1 TL Natron
80 g Backkakao

1. Heize den Backofen auf 200°C Ober-/Unterhitze vor. Fette die Muffinform ein oder lege sie mit Muffinförmchen aus Papier aus.

2. Gib die Schokolade in den Mixtopf und zerkleinere sie 5 Sekunden/ Stufe 5. Nimm die Hälfte heraus und stelle diese in einer separaten Schüssel zur Seite. Schiebe den Rest mit dem Spatel nach unten. Füge die Butter hinzu und lass die Schokolade 3 Minuten/ 70°C/ Stufe 2 schmelzen. Fülle die geschmolzene Schokolade um und reinige den Mixtopf.

3. Setze den Schmetterling in den Mixtopf ein. Gib Eier, Zucker und Vanillezucker in den Mixtopf und rühre die Zutaten 3 Minuten/ Stufe 3 schaumig. Entferne den Schmetterling. Füge die geschmolzene Schokolade und die Buttermilch hinzu und rühre die Zutaten 30 Sekunden/ Stufe 3 unter.

4. Gib Mehl, Backpulver, Salz, Natron und Backkakao in den Mixtopf dazu und vermische die Zutaten 30 Sekunden/ Stufe 3. Gib 2/3 der übrigen Schokostückchen in den Teig dazu und hebe sie mit dem Spatel unter. Fülle den Teig mithilfe von 2 Teelöffeln gleichmäßig in die Mulden der Backform und bestreue die Muffins mit den restlichen Schokostückchen.

5. Backe die Muffins im vorgeheizten Ofen auf der mittleren Schiene ca. 20 Minuten/ 200°C Ober-/Unterhitze. Führe am Ende der Backzeit eine Stäbchenprobe durch und falls noch Teig am Stäbchen kleben bleibt, verlängere die Backzeit um ein paar Minuten.

Vegane Rübli-Muffins

Zutaten

300 g Weizenmehl, Type 405
100 g Vollkornmehl
200 g Zucker
2 Päckchen Vanillezucker
2 TL Natron
2 TL Backpulver
1 TL Zimt
1 Prise Salz
ca. 200 g (2–3) Möhren, geschält, in groben Stücken
200 g Sojajoghurt, natur
200 g Vanille-Sojajoghurt
200 g Rapsöl + zum Einfetten
250 g Puderzucker
3 EL Zitronensaft

1. Heize den Backofen auf 175°C Umluft vor. Fette die Muffinform ein oder lege sie mit Muffinförmchen aus Papier aus.

2. Vermische in einer separaten Schüssel die beiden Mehlsorten, Zucker, Vanillezucker, Natron, Backpulver, Zimt und Salz.

3. Schäle die Möhren und schneide sie in grobe Stücke. Gib die Möhrenstücke in den Mixtopf und zerkleinere sie 5 Sekunden/ Stufe 5. Schiebe die Reste mit dem Spatel nach unten. Gib die beiden Joghurtsorten und Öl in den Mixtopf und verrühre die Zutaten 10 Sekunden/ Stufe 3. Füge die Mehlmischung aus der separaten Schüssel hinzu und vermische die Zutaten 20 Sekunden/ Stufe 3 zu einem Teig.

4. Fülle den Teig mithilfe von 2 Teelöffeln gleichmäßig in die Mulden der Backform und backe die Muffins im vorgeheizten Ofen ca. 35–40 Minuten/ 175°C Umluft. Führe am Ende der Backzeit eine Stäbchenprobe durch und falls noch Teig am Stäbchen kleben bleibt, verlängere die Backzeit um ein paar Minuten. Nimm die Muffins anschließend heraus und lass sie abkühlen.

5. Verrühre Puderzucker und Zitronensaft zu einer dickflüssigen Paste und verziere die abgekühlten Muffins damit.

Schokoladige Muffins

Schoko-Kirsch-Muffins

 12 Stück  leicht 15 Min. + ca. 25 Min. Backzeit

Zutaten

½ Glas Sauerkirschen, Abtropfgewicht 350 g
150 g Weizenmehl, Type 405
2 gestrichene TL Backpulver
10 g Backkakao
100 g Zucker
2 Eier, Größe M
75 g weiche Butter + zum Einfetten
10 g Milch, 1,5 % Fett

1. Heize den Backofen auf 180°C Ober-/Unterhitze vor. Fette die Muffinform ein oder lege sie mit Muffinförmchen aus Papier aus.

2. Lass die Kirschen in einem Sieb abtropfen.

3. Gib Mehl, Backpulver und Backkakao in den Mixtopf und verrühre die Zutaten 5 Sekunden/ Stufe 3. Füge Zucker, Eier, Butter und Milch hinzu und vermische die Masse 2 Minuten/ Stufe 3 zu einem glatten Teig. Hebe die Kirschen mit dem Spatel unter den Teig.

4. Fülle den Teig mithilfe von 2 Teelöffeln gleichmäßig in die Mulden der Backform und backe die Muffins im vorgeheizten Ofen ca. 25 Minuten/ 180°C Ober-/Unterhitze. Führe am Ende der Backzeit eine Stäbchenprobe durch und falls noch Teig am Stäbchen kleben bleibt, verlängere die Backzeit um ein paar Minuten.

Chocolate-Cheese-Muffins

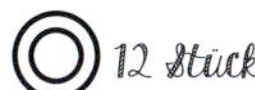

Zutaten

Für den Teig:
240 g Weizenmehl, Type 405
170 g brauner Zucker
30 g Backkakao
½ TL Backpulver
½ TL Natron
120 g Wasser
120 g Milch, 1,5 % Fett
80 g Rapsöl + zum Einfetten
1 Ei, Größe M
½ TL Vanilleextrakt

Für die Creme:
250 g Doppelrahmfrischkäse, z.B. Philadelphia
60 g Zucker
1 Eigelb, Größe M
½ TL Vanilleextrakt

1. Heize den Backofen auf 180°C Ober-/Unterhitze vor und fette die Muffinform ein oder lege sie mit Muffinförmchen aus Papier aus.

2. Verrühre Mehl, Zucker, Backkakao, Backpulver, Natron, Wasser, Milch, Rapsöl, Ei und Vanilleextrakt im Mixtopf 1 Minute/ Stufe 3 zu einem cremigen Teig. Befülle die Mulden der Backform mithilfe von 2 Teelöffeln jeweils zu ⅔ mit dem Teig und reinige den Mixtopf.

3. Als Nächstes gibst du für die Creme Frischkäse, Zucker, Eigelb und Vanilleextrakt in den Mixtopf und verrührst die Zutaten 30 Sekunden/ Stufe 3. Verteile jeweils 1–2 Teelöffel der Creme mittig auf jeden Schokoteig und backe die Muffins im vorgeheizten Ofen ca. 25–30 Minuten/ 180°C Ober-/Unterhitze. Führe am Ende der Backzeit eine Stäbchenprobe durch und falls noch Teig am Stäbchen kleben bleibt, verlängere die Backzeit um ein paar Minuten.

Schoko-Himbeer-Muffins

12 Stück · leicht · 20 Min. + ca. 25 Min. Backzeit

Zutaten

3 Eier, Größe M
180 g Zucker
240 g Weizenmehl, Type 405
2 TL Backpulver
1 Päckchen Vanillepuddingpulver
110 g Milch, 1,5 % Fett
75 g Rapsöl + zum Einfetten
20 g Backkakao
200 g Himbeeren, frisch, gewaschen
125 g Speisequark, 20 % Fett

1. Heize den Backofen auf 160 °C Ober-/Unterhitze vor. Fette die Muffinform ein oder lege sie mit Muffinförmchen aus Papier aus.

2. Trenne die Eier. Gib das Eiweiß in den fettfreien Mixtopf und setze den Schmetterling ein. Schlage das Eiweiß 1,5 Minuten/ Stufe 4 steif. Fülle es in eine separate Schüssel um und reinige den Mixtopf.

3. Gib Eigelbe und Zucker in den Mixtopf, setze den Schmetterling ein und rühre die Zutaten 2 Minuten/ Stufe 3 schaumig. Entferne den Schmetterling. Gib Mehl, Backpulver, Vanillepuddingpulver, Milch und Öl dazu und verrühre die Zutaten 1 Minute/ Stufe 3 miteinander.

4. Entnimm 1/3 der Teigmasse und vermische diese in einer separaten Schüssel mit dem Backkakao. Hebe 1/3 der Eiweißmasse und 1/3 der Himbeeren mit dem Spatel unter den Kakaoteig und teile die Masse mithilfe von 2 Teelöffeln auf die Mulden der Backform auf.

5. Gib Quark und das verbliebene Eiweiß in die restliche Teigmasse im Mixtopf und vermische die Zutaten 30 Sekunden/ Stufe 3. Hebe die restlichen Himbeeren mit dem Spatel unter. Bedecke den dunklen Teig in den Muffinförmchen mit dem hellen Teig und backe die Muffins im vorgeheizten Ofen ca. 25 Minuten/ 160 °C Ober-/Unterhitze. Führe am Ende der Backzeit eine Stäbchenprobe durch und falls noch Teig am Stäbchen kleben bleibt, verlängere die Backzeit um ein paar Minuten.

I LOVE MY HOME
I LOVE MY HOME
mixtipp
Dazu passt geschlagene Sahne!

Chocolate Dream

20 Min. + 25–30 Min. Backzeit

Zutaten

150 g Zartbitterschokolade, 70 % Kakao, in groben Stücken
100 g Vollmilchschokolade, in groben Stücken
100 g weiße Schokolade, in groben Stücken
3 Eier, Größe M
350 g Milch, 1,5 % Fett
100 g Rapsöl + zum Einfetten
320 g Weizenmehl, Type 405
½ Päckchen Backpulver
50 g Backkakao
90 g brauner Zucker
1 Päckchen Vanillezucker

1. Heize den Backofen auf 180°C Ober-/Unterhitze vor und fette die Muffinform ein oder lege sie mit Muffinförmchen aus Papier aus.

2. Zerkleinere als Erstes die Zartbitterschokolade im Mixtopf 5 Sekunden/ Stufe 5 und lass sie 3 Minuten/ 55°C/ Stufe 1 schmelzen. Fülle die geschmolzene Schokolade in eine Schüssel um und reinige den Mixtopf.

3. Fülle Vollmilch- und weiße Schokolade in den Mixtopf und zerkleinere beides 5 Sekunden/ Stufe 5. Fülle die Mischung in eine Schüssel um und reinige wieder den Mixtopf.

4. Nun verrührst du die Eier im Mixtopf 10 Sekunden/ Stufe 3. Gib Milch, Öl, Mehl, Backpulver, Backkakao, Zucker und Vanillezucker hinzu und vermische die Zutaten 1 Minute/ Stufe 3. Hebe anschließend die zerkleinerte Schokolade mit dem Spatel unter den Teig. Verteile den Teig mithilfe von 2 Teelöffeln in die Mulden der Backform und backe die Muffins im vorgeheizten Backofen ca. 25–30 Minuten/ 180°C Ober-/Unterhitze. Führe am Ende der Backzeit eine Stäbchenprobe durch und falls noch Teig am Stäbchen kleben bleibt, verlängere die Backzeit um ein paar Minuten.

mixtipp
Hebe unter Punkt 3 noch frische Himbeeren oder Erdbeerstücke unter den Teig.

Schoki-Muffins mit Creme

Zutaten

200 g + 20 g Zartbitterschokolade, mind. 70 % Kakao, grob zerkleinert
180 g + 20 g Rapsöl + zum Einfetten
4 Eier, Größe M
1 Prise Salz
20 g + 180 g Zucker
100 g Sahne
Schokospäne zum Dekorieren

1. Gib 200 g Schokolade in den Mixtopf und zerkleinere sie 5 Sekunden/ Stufe 5. Schiebe die Reste mit dem Spatel nach unten. Füge 180 g Rapsöl hinzu und lass die Schokolade 4 Minuten/ 55°C/ Stufe 1 schmelzen. Fülle die Schokolade in eine separate Schüssel um und reinige den Mixtopf.

2. Heize den Backofen auf 180°C Ober-/Unterhitze vor. Fette die Muffinform ein oder lege sie mit Muffinförmchen aus Papier aus. Setze den Schmetterling in den Mixtopf ein. Trenne die Eier und gib das Eiweiß mit 1 Prise Salz in den fettfreien Mixtopf. Schlage das Eiweiß 1,5 Minuten/ Stufe 4 steif. Lass dabei 20 g Zucker durch die Deckelöffnung einrieseln. Fülle das Eiweiß in eine separate Schüssel um und stelle es bis zur weiteren Verwendung kalt. Reinige den Mixtopf und den Schmetterling.

3. Setze den Schmetterling wieder in den Mixtopf ein. Gib die Eigelbe mit 180 g Zucker in den Mixtopf und rühre die Mischung 3 Minuten/ Stufe 3 schaumig. Entferne den Schmetterling und lass das Gerät auf Stufe 3 weiterlaufen. Lass die beiseitegestellte Schoko-Öl-Masse langsam durch die Deckelöffnung in den Mixtopf einlaufen. Das dauert ca. 1 Minute. Gib den beiseitegestellten Eischnee dazu und vermische den Teig 20 Sekunden/ Stufe 3.

4. Fülle den Teig aus dem Mixtopf mithilfe von 2 Teelöffeln in die vorbereiteten Muffinförmchen. Backe die Muffins im vorgeheizten Ofen ca. 20–25 Minuten/ 180°C Ober-/Unterhitze. Nimm die fertigen Muffins vorsichtig aus dem Ofen und lass sie abkühlen.

5. Für die Schokocreme gibst du 20 g Schokolade mit 20 g Öl und Sahne in den Mixtopf. Lass die Schokolade 4 Minuten/ 55°C/ Stufe 2 schmelzen. Lass die geschmolzene Schokolade kurz abkühlen. Verteile je einen Löffel flüssige Schokocreme auf die Muffins und bestreue sie mit Schokospänen. Lass Muffins und Schokolade komplett abkühlen und serviere sie.

MY

Vegane Schoko-Avocado-Muffins

25 Min. + ca. 15–20 Min. Backzeit

Zutaten

1 reife Avocado, halbiert, entkernt, Fruchtfleisch herausgelöst
150 g Ahornsirup
50 g Sonnenblumenöl
200 g Mandeldrink
150 g Apfelmus, ohne Stücke
300 g Weizenmehl, Type 405
50 g Backkakao
1 Päckchen Weinsteinbackpulver
1 Päckchen Natron (5 g)
150 g vegane Zartbitterschokolade, grob zerkleinert
4 EL vegane Kakao-Nibs

1. Heize den Backofen auf 175°C Umluft vor. Fette die Muffinform ein oder lege sie mit Muffinförmchen aus Papier aus.

2. Halbiere die Avocado, löse den Kern heraus und entnimm das Fruchtfleisch mit einem Löffel. Gib das Fruchtfleisch mit Ahornsirup, Öl und 100 g Mandeldrink in den Mixtopf. Püriere die Zutaten 30 Sekunden/ Stufe 8–10. Gib Apfelmus, Mehl, Kakao, Backpulver und Natron dazu und vermische die Zutaten 1 Minute/ Stufe 3 zu einem glatten Teig.

3. Fülle den Teig mithilfe von 2 Teelöffeln in die Mulden der Backform und backe die Muffins im vorgeheizten Ofen ca. 15–20 Minuten/ 175°C Umluft. Nimm die Muffins anschließend heraus und lass sie abkühlen.

4. Gib nun die Schokolade in den gereinigten Mixtopf und zerkleinere sie 5 Sekunden/ Stufe 5. Füge die restlichen 100 g Mandeldrink hinzu und lass die Schokolade 3 Minuten/ 55°C/ Stufe 1 schmelzen. Lass den Schokoladenguss dickflüssig abkühlen. Verteile ihn auf den Muffins und bestreue sie zusätzlich mit Kakao-Nibs.

Crossinos

12 Stück

leicht

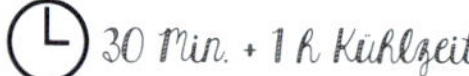
30 Min. + 1 h Kühlzeit

Zutaten

Für den Boden:
je 80 g Zartbitter- und Vollmilchschokolade, grob zerkleinert
30 g Butter, weich + zum Einfetten
100 g Cornflakes
50 g gehackte Mandeln

Für die Rhabarbersauce:
500 g Rhabarber, geputzt, in Stücken
300 g Himbeeren, frisch oder TK
60 g Zucker
50 g Wasser + 6 EL
50 g Speisestärke

Für die Mascarpone-Creme:
200 g Sahne, gekühlt
1 Päckchen Sahnesteif
250 g Mascarpone
200 g Quark, 20 % Fett
40 g Zucker
1 Päckchen Vanillezucker

1. Für den Boden gibst du die Schokolade in den Mixtopf, zerkleinerst sie 5 Sekunden/ Stufe 5 und lässt sie anschließend mit der Butter 3 Minuten/ 55°C/ Stufe 1 schmelzen. Füge Cornflakes und gehackte Mandeln hinzu und vermische sie mit der Schokolade 30 Sekunden/ Stufe 3.

2. Fette die Muffinform ein oder lege sie mit Muffinförmchen aus Papier aus und fülle die Schoko-Cornflakes-Masse hinein. Gib einen kleinen Teil der Masse in eine separate Schüssel und stelle sie bis zur Verwendung in den Kühlschrank. Drücke die Masse leicht mit einem Löffelrücken an und stelle sie ca. 1 Stunde, bis der Boden fest ist, kalt.

3. Wasche den Rhabarber, schneide die Enden ab und ziehe die Fäden ab. Schneide den Rhabarber in Stücke und gib diese in den Mixtopf. Zerkleinere die Rhabarberstücke 3 Sekunden/ Stufe 5. Lege einige Himbeeren für die Deko zur Seite und gib die restlichen Himbeeren in den Mixtopf dazu. Füge Zucker und Wasser hinzu und lass die Mischung 7 Minuten/ 100°C/ Stufe 1 ohne Messbecher köcheln. Setze dabei das Garkörbchen als Spritzschutz auf. Rühre die Speisestärke mit 6 EL Wasser mit einem Schneebesen glatt und gib sie in den Mixtopf dazu. Verrühre die Zutaten 3 Minuten/ 100°C/ Stufe 1. Fülle die Sauce in eine separate Schüssel und lass sie abkühlen.

4. Reinige den Mixtopf und setze den Schmetterling ein. Gib Sahne und Sahnesteif in den Mixtopf und schlage sie auf Stufe 3 unter Sichtkontakt steif. Fülle die Sahne in eine separate Schüssel um.

5. Für die Mascarpone-Creme gibst du Mascarpone, Quark und Zucker in den Mixtopf und verrührst die Zutaten 30 Sekunden/ Stufe 3. Hebe die Sahne mit dem Spatel unter.

6. Nimm die Schokoböden aus dem Kühlschrank und bestreiche sie mit der Creme. Verteile einen Teil der Rhabarbersauce in Klecksen auf der Creme und ziehe sie mit einer Gabel unter die Creme, sodass eine schöne Marmorierung entsteht.

7. Garniere die Crossinos mit den restlichen Himbeeren und der beiseitegestellten Schoko-Mischung und serviere die restliche Rhabarbersauce dazu.

mixtipp

Für die Sauce kannst du statt Rhabarber auch Erdbeeren verwenden.

Herzhafte Muffins

mixtipp
Serviere dazu
Apfelkompott, das
schmeckt super!

Herzhafte Kartoffel-Muffins mit Schinkenwürfeln

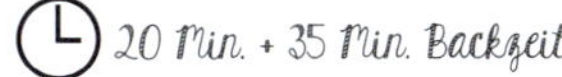

Zutaten

550 g Kartoffeln, mehligkochend, geschält, in Vierteln
1 Zwiebel, halbiert
100 g Schinkenspeck, in Würfeln
2 Eier, Größe M
20 g Sahne
50 g Paniermehl
5 g Salz
1 Prise Pfeffer
1 Prise Muskatnuss, gemahlen
etwas Sonnenblumenöl zum Einfetten

1. Heize den Backofen auf 200°C Ober-/Unterhitze vor, lege die Backform mit Muffinförmchen aus Papier aus und pinsele diese mit etwas Öl ein.

2. Nun schälst du Kartoffeln und Zwiebel und gibst die Kartoffeln geviertelt in den Mixtopf. Halbiere die Zwiebel und gib sie ebenfalls in den Mixtopf. Zerkleinere beide Zutaten 10 Sekunden/ Stufe 5 und schütte eventuell anfallende Flüssigkeit aus. Schiebe die Stücke mit dem Spatel nach unten.

3. Fülle Speckwürfel, Eier, Sahne, Paniermehl, Salz, Pfeffer und Muskatnuss in den Mixtopf und verrühre die Zutaten 10 Sekunden/ Stufe 3. Verteile anschließend den Teig mithilfe von 2 Teelöffeln in die Förmchen und backe die Muffins im vorgeheizten Ofen ca. 35 Minuten/ 200°C Ober-/Unterhitze.

Mediterrane Tomaten-Muffins

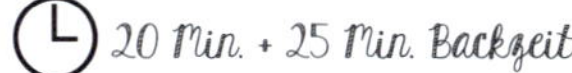

Zutaten

4 Zweige Rosmarin, gewaschen, trocken geschüttelt, Blättchen abgezupft + ein Zweig für die Deko
10 Stiele Thymian, gewaschen, trocken geschüttelt, Blättchen abgezupft + ein Zweig für die Deko
80 g Parmesan, in groben Stücken
80 g Olivenöl + zum Einfetten
250 g Magerquark
75 g Milch, 1,5 % Fett
2 Eier, Größe M
300 g Weizenmehl, Type 405
2 TL Backpulver
350 g Kirschtomaten, halbiert
12 dünne Scheiben Parmaschinken, längs halbiert

1. Wasche Rosmarin und Thymian und schüttele die Kräuter trocken. Zupfe die Blättchen ab und gib sie gemeinsam mit den Parmesanstücken in den Mixtopf. Zerkleinere die Mischung 5 Sekunden/ Stufe 8 und fülle sie in eine separate Schüssel um.

2. Heize den Backofen auf 200°C Ober-/Unterhitze vor. Fette eine Muffinform ein oder lege sie mit Muffinförmchen aus Papier aus.

3. Gib Olivenöl, Quark, Milch und Eier in den Mixtopf und verrühre die Zutaten 30 Sekunden/ Stufe 4. Vermische Mehl und Backpulver in einer weiteren Schüssel und gib die Zutaten mit der Käse-Kräuter-Mischung in den Mixtopf. Vermenge die Zutaten 30 Sekunden/ Stufe 3.

4. Putze die Tomaten und halbiere sie. Halbiere die Parmaschinkenscheiben längs. Verteile die Hälfte des Teiges mithilfe von 2 Teelöffeln gleichmäßig in die Mulden der Backform. Setze darauf die Hälfte der Tomaten und je 2 locker zusammengefaltete Schinkenstreifen. Gib nun den restlichen Teig darauf, und auch die restlichen Tomaten. Backe die Muffins im vorgeheizten Ofen ca. 25 Minuten/ 200°C Ober-/Unterhitze.

Tomaten-Feta-Muffins

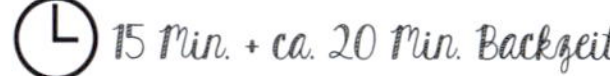

Zutaten

2 Rosmarinzweige, gewaschen, trocken geschüttelt, Nadeln abgezupft
250 g Magerquark
75 g Milch, 1,5 % Fett
80 g Olivenöl + zum Einfetten
2 Eier, Größe M
Salz, nach Belieben
Pfeffer, nach Belieben
300 g Weizenmehl, Type 405
2 TL Backpulver
6 getrocknete Tomaten, in Öl eingelegt, grob zerkleinert
200 g Feta, zerkleinert + 12 Fetawürfel
100 g Kirschtomaten, geviertelt
1 Rosmarinzweig zum Garnieren

1. Wasche 2 Rosmarinzweige, schüttele sie trocken und zupfe die Nadeln von den Stängeln ab. Gib die Rosmarinnadeln in den Mixtopf und zerkleinere sie 5 Sekunden/ Stufe 7. Fülle die zerkleinerten Nadeln in eine separate Schüssel und stelle sie zur Seite.

2. Heize den Backofen auf 200°C Ober-/Unterhitze vor. Fette die Muffinform ein oder lege sie mit Muffinförmchen aus Papier aus.

3. Gib Quark, Milch, Öl und Eier in den Mixtopf und verrühre die Zutaten 20 Sekunden/ Stufe 3. Würze die Masse mit Salz und Pfeffer. Vermische Mehl und Backpulver in einer separaten Schüssel.

4. Füge nun die in Öl eingelegten Tomatenstücke, den zerkleinerten Rosmarin und die Mehlmischung zu der Quarkmasse in den Mixtopf hinzu und vermische die Zutaten 20 Sekunden/ Stufe 3. Zerkleinere den Feta und hebe 2/3 davon mithilfe des Spatels unter den Teig.

5. Fülle den Teig mithilfe von 2 Teelöffeln in die Mulden der Backform. Wasche die Tomaten und schneide sie in Viertel. Drücke die Tomatenviertel mit jeweils einem Fetawürfel tief in den Teig.

6. Backe die Muffins im vorgeheizten Ofen auf der untersten Schiene ca. 20 Minuten/ 200°C Ober-/Unterhitze. Garniere die Muffins vor dem Servieren mit einem Zweig Rosmarin.

mixtipp
Falls du ein Gürkchen-
liebhaber bist, verteile unter
Punkt 6 auch gehackte
Gürkchen vor dem Einrollen
auf dem Teig.

Gefüllte Hotdog-Muffins

 12 Stück  leicht 25 Min. + 2 h Ruhezeit + 15–20 Min. Backzeit

Zutaten

Für den Teig:
10 g Frischhefe, alternativ 1 Tütchen Trockenhefe
10 g Honig
230 g Wasser
1 TL Salz
450 g Weizenmehl, Type 405 + für die Arbeitsfläche
10 g Olivenöl + zum Einfetten

Für die Sauce:
50 g Honigsenf
50 g Mayonnaise
100 g Ketchup

Für die Füllung:
80 g Röstzwiebeln
8 Hotdog-Würstchen, in Scheiben geschnitten
100 g Gouda, gerieben

Für das Topping:
Senfgurken, in Würfeln
Röstzwiebeln, nach Belieben

1. Brösele als Erstes die Hefe in den Mixtopf und verrühre sie darin mit Honig und Wasser 3 Minuten/ 37°C/ Stufe 1. Lass die Mischung anschließend 10 Minuten ruhen.

2. Als Nächstes gibst du Salz, Mehl und Olivenöl dazu und verrührst die Zutaten 5 Minuten/ Teigknetstufe zu einem Teig. Fülle den Teig in eine Schüssel um und lass ihn abgedeckt ca. 2 Stunden an einem warmen Ort ruhen, bis er sein Volumen verdoppelt hat.

3. Nach der Ruhezeit heizt du den Backofen auf 200°C Ober-/ Unterhitze vor. Fette die Muffinform ein oder lege sie mit Muffinförmchen aus Papier aus.

4. Verrühre Senf, Mayonnaise und Ketchup im gereinigten Mixtopf 10 Sekunden/ Stufe 3.

5. Nun rollst du den Teig, auf einer mit Mehl bestäubten Arbeitsfläche, zu einem Rechteck von ca. 30 x 50 cm aus und bestreichst ihn mit der Senf-Ketchup-Mayo-Sauce. Lass aber dabei rundherum einen Rand frei.

6. Verteile Röstzwiebeln, 2/3 der Wurstscheiben und 2/3 Gouda auf dem Teig und rolle diesen von der breiten Seite her auf. Schneide die Rolle in 12 gleich große Stücke und lege die Scheiben mit der Schnittfläche nach oben in die Mulden der Backform. Bestreue die Teigstücke mit dem restlichen Käse und belege sie mit den restlichen Wurstscheiben.

7. Backe die Muffins im vorgeheizten Backofen ca. 15–20 Minuten/ 200°C Ober-/Unterhitze goldbraun. Lass die Muffins nach dem Backen auskühlen und belege sie vor dem Servieren nach Belieben mit Senfgurkenwürfeln und Röstzwiebeln.

mixtipp
Variiere das Rezept mit rohem Schinken oder Chorizo-Wurst, anstelle von gekochtem Schinken.

Herzhafte Käse-Schinken-Muffins

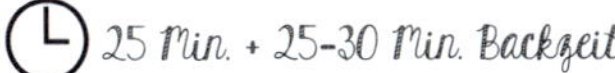

Zutaten

350 g Weizenmehl, Type 405
1 Päckchen Backpulver
2 Eier, Größe M
250 g Milch, 1,5 % Fett
30 g Rapsöl
5 g Salz + nach Belieben
5 g Zucker
80 g Schinken, gekocht, in Würfeln
120 g Edamer, in Würfeln
50 g Edamer, gerieben
100 g Paprika, aus dem Glas, abgetropft
300 g Crème fraîche
1 Prise Paprikapulver, rosenscharf
Butter und Paniermehl zum Einfetten

1. Heize den Backofen auf 175°C Ober-/Unterhitze vor. Fette die Muffinform mit etwas Butter ein und streue sie mit Paniermehl aus. Du kannst die Form alternativ auch mit Muffinförmchen aus Papier auslegen.

2. Für den Teig verrührst du Mehl und Backpulver im Mixtopf 5 Sekunden/ Stufe 3 und gibst dann Eier, Milch, Öl, Salz und Zucker hinzu. Verrühre die Zutaten 2 Minuten/ Teigknetstufe zu einem glatten Teig.

3. Hebe mithilfe des Spatels Schinken und gewürfelten Käse unter den Teig und verteile diesen mithilfe von 2 Teelöffeln in die Mulden der Muffinform. Backe die Muffins im vorgeheizten Backofen ca. 25–30 Minuten/ 175°C Ober-/Unterhitze. Streue 10 Minuten vor Ende der Backzeit den geriebenen Käse über die Muffins. Führe am Ende der Backzeit eine Stäbchenprobe durch und falls noch Teig am Stäbchen kleben bleibt, verlängere die Backzeit um ein paar Minuten. Lass die Muffins nach dem Backen 5 Minuten in der Form ruhen.

4. In der Zwischenzeit pürierst du die Paprikaschoten im Mixtopf 10 Sekunden/ Stufe 10 fein. Schiebe die Reste mit dem Spatel nach unten und gib die Crème fraîche hinzu. Verrühre die Zutaten 5 Sekunden/ Stufe 3 und würze die Mischung nach Belieben mit Salz und Paprikapulver. Du kannst die Muffins kalt oder warm servieren und den Dip dazu reichen.

Cupcakes

Cupcakes – ein Grundrezept

Ein Cupcaketeig, viele leckere Möglichkeiten: Dieses einfache Cupcake-Grundrezept mit Frosting lässt sich wunderbar abwandeln. Du kannst das Frosting mit Lebensmittelfarbe einfärben oder z.B. mit Limettenabrieb verfeinern.

Zutaten

Für den Teig:
150 g Butter, weich, in Stücken
120 g Zucker
2 Eier, Größe M
200 g Weizenmehl, Type 405
½ TL Backpulver
1 Prise Salz
130 g Milch, 1,5% Fett

Für das Frosting:
100 g Butter, weich, in Stücken
130 g Puderzucker
200 g Frischkäse, cremig, z.B. von Philadelphia

nach Geschmack:
Abrieb von einer Bio-Limette
Lebensmittelfarben
Nüsse
Frische Himbeeren oder Blaubeeren

außerdem:
Spritzbeutel

1. Heize als Erstes den Backofen auf 175°C Ober-/Unterhitze vor. Fette die Muffinform ein oder lege sie mit Muffinförmchen aus Papier aus.

2. Setze den Schmetterling in den Mixtopf ein und gib Butter und Zucker in den Mixtopf dazu. Rühre die Zutaten 2 Minuten/ Stufe 3 schaumig. Schiebe die Buttermasse mit dem Spatel nach unten. Stelle das Gerät auf Stufe 3 ein und gib nacheinander die beiden Eier durch die Deckelöffnung dazu. Das dauert ca. 2 Minuten. Entferne danach den Schmetterling.

3. Vermische Mehl, Backpulver und Salz in einer separaten Schüssel. Wiege die Milch in einer separaten Schale auf dem Mixtopfdeckel ab. Schalte das Gerät ohne Zeiteinstellung auf Stufe 3 ein. Gib die Mehlmischung und die Milch abwechselnd durch die Deckelöffnung zur Ei-Masse dazu. Das dauert ca. 1 Minute. Schiebe den Teig mit dem Spatel nach unten und vermische den Teig nochmal 10 Sekunden/ Stufe 3.

4. Verteile den Teig mithilfe von 2 Teelöffeln in die Mulden der Backform. Backe die Cupcakes im vorgeheizten Ofen ca. 20 Minuten/ 175°C Ober-/Unterhitze. Mache am Ende der Backzeit eine Stäbchenprobe. Wenn kein Teig mehr am Stäbchen kleben bleibt, sind die Cupcakes gar. Nimm die Cupcakes aus dem Ofen und lass sie abkühlen.

5. Reinige den Mixtopf. Für das Frosting gibst du die Butter mit dem Puderzucker in den Mixtopf und rührst die Zutaten 3 Minuten/ Stufe 3 schaumig. Schiebe die Masse mit dem Spatel vom Rand nach unten. Füge den Frischkäse hinzu und rühre ihn 1 Minute/ Stufe 3 unter.

6. Nach Wunsch kannst du das Frosting noch mit Lebensmittelfarbe einfärben. Stelle das Frosting anschließend für 15 Minuten in den Kühlschrank.

7. Gib das Frosting in einen Spritzbeutel und dekoriere damit die Cupcakes. Wahlweise kannst du sie dann noch mit frischen Früchten oder bunten Kügelchen dekorieren.

Kokostraum - Erdbeer-Raffaello-Cupcakes

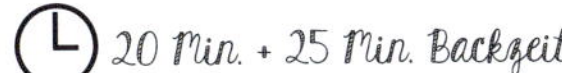

Zutaten

Für den Teig:
60 g weiße Schokolade
60 g Erdbeeren, geputzt, in kleinen Würfeln + Erdbeeren für die Deko
200 g Rapsöl + zum Einfetten
180 g Zucker
4 Eier, Größe M
2 TL Vanilleextrakt
2 TL Backpulver
250 g Weizenmehl, Type 405
100 g Kokosmilch, ungesüßt
50 g Kokosraspel

Für das Topping:
100 g weiße Schokolade, in groben Stücken
300 g Doppelrahm-frischkäse
20 g Kokosmilch
1 TL Vanillezucker
12 Raffaellos
Kokosraspeln zum Bestreuen

außerdem:
Spritzbeutel

1. Heize als Erstes den Backofen auf 170°C Ober-/Unterhitze vor und fette die Muffinform ein oder lege sie mit Muffinförmchen aus Papier aus.

2. Gib die weiße Schokolade in den Mixtopf und hacke sie 5 Sekunden/ Stufe 4. Fülle die Schokolade um. Wasche und putze die Erdbeeren und gebe sie ebenfalls in den Mixtopf. Zerkleinere die Erdbeeren 5 Sekunden/ Stufe 4 und fülle sie um. Für den Teig verrührst du Rapsöl, Zucker, Eier, Vanilleextrakt, Backpulver, Mehl, Kokosmilch und Kokosraspel im Mixtopf 40 Sekunden/ Stufe 6.

3. Gib die zerkleinerte Schokolade und die zerkleinerten Erdbeeren in den Mixtopf. Hebe beide Zutaten mit dem Spatel unter den Teig und verteile den Teig mithilfe von 2 Teelöffeln in die Mulden der Backform und backe die Cupcakes im vorgeheizten Ofen ca. 25 Minuten/ 170°C Ober-/Unterhitze goldbraun. Führe am Ende der Backzeit eine Stäbchenprobe durch und falls noch Teig am Stäbchen kleben bleibt, verlängere die Backzeit um ein paar Minuten. Lass die Cupcakes nach dem Backen auskühlen.

4. In der Zwischenzeit reinigst du den Mixtopf und zerkleinerst darin die weiße Schokolade für das Topping 5 Sekunden/ Stufe 5. Lass die Schokolade 3 Minuten/ 55°C/ Stufe 1 schmelzen und lass sie anschließend kurz abkühlen. Füge Frischkäse, Kokosmilch und Vanillezucker in den Mixtopf hinzu und rühre die Zutaten 30 Sekunden/ Stufe 3 cremig. Fülle anschließend die Creme in einen Spritzbeutel und stelle sie im Kühlschrank kalt.

5. Verziere die ausgekühlten Cupcakes mit der Creme. Setze auf jeden Cupcake eine Raffaello-Kugel, eine Erdbeerhälfte und bestreue sie mit Kokosraspeln.

Tiramisu-Cupcakes

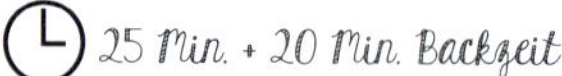

Zutaten

Für den Teig:
3 Eier, Größe M
100 g Zucker
50 g Weizenmehl, Type 405
50 g Speisestärke
½ TL Backpulver
1 EL Vanillepuddingpulver

Für die Creme:
100 g Sahne, kalt
250 g Mascarpone
50 g Puderzucker, gesiebt
1 EL Espresso + zum Beträufeln, gekocht, kalt

außerdem:
Kakaopulver, zum Bestäuben
Spritzbeutel

1. Heize den Backofen auf 175°C Ober-/Unterhitze vor. Fette die Muffinform ein oder lege sie mit Muffinförmchen aus Papier aus.

2. Setze den Schmetterling in den Mixtopf ein. Trenne die Eier und gib das Eiweiß in den fettfreien Mixtopf. Schlage das Eiweiß 1,5 Minuten/ Stufe 4 steif. Füge 50 g Zucker hinzu und vermische das Eiweiß weitere 2 Minuten/ Stufe 4. Fülle das Eiweiß in eine separate Schüssel um und stelle es bis zur weiteren Verwendung kalt. Reinige den Mixtopf und setze den Schmetterling wieder ein.

3. Gib das Eigelb mit den restlichen 50 g Zucker in den Mixtopf und verrühre die Zutaten 3 Minuten/ Stufe 3. Entferne den Schmetterling. Vermische Mehl, Speisestärke, Back- und Puddingpulver in einer separaten Schüssel und hebe die Mischung mithilfe des Spatels vorsichtig unter die Eigelbmasse. Füge nun den Eischnee hinzu und vermische den Teig 10 Sekunden/ Stufe 3.

4. Verteile den Teig mithilfe von 2 Teelöffeln gleichmäßig auf die Mulden und backe ihn im vorgeheizten Ofen auf mittlerer Schiene ca. 20 Minuten/ 175°C Ober-/Unterhitze. Führe am Ende der Backzeit eine Stäbchenprobe durch und falls noch Teig am Stäbchen kleben bleibt, verlängere die Backzeit um ein paar Minuten. Lass die Cupcakes nach dem Backen vollständig auskühlen.

5. Für die Creme setzt du den Schmetterling wieder in den gereinigten Mixtopf ein. Fülle die Sahne in den Mixtopf und schlage sie 40 Sekunden/ Stufe 3 unter Sichtkontakt steif. Fülle die Schlagsahne in eine weitere Schüssel um und stelle sie kalt.

6. Gib Mascarpone und Puderzucker in den Mixtopf und schlage die Mischung 2 Minuten/ Stufe 3 fluffig auf. Füge 1 EL Espresso hinzu und vermische ihn mit der Creme 10 Sekunden/ Stufe 3. Hebe die Sahne mithilfe des Spatels vorsichtig unter die Masse.

7. Steche die ausgekühlten Cupcakes mehrmals mit einer Gabel ein und beträufele die Cupcakes jeweils mit ein wenig Espresso. Fülle die Mascarponecreme in einen Spritzbeutel und verteile die Creme auf die Cupcakes. Stelle die Cupcakes kalt und bestäube sie kurz vor dem Servieren mit Kakaopulver.

Himbeer-Vanille-Cupcakes

Zutaten

Für den Teig:
40 g Butter, weich, in Stücken + zum Einfetten
75 g Zucker
1 Ei, Größe M
1 TL Vanilleextrakt, z.B. von Dr. Oetker
120 g Weizenmehl, Type 405
1 TL Backpulver
1 Prise Salz
80 g Milch, 1,5 % Fett

Für die Füllung:
300 g Himbeeren, frisch, alternativ TK
20 g Zucker, nach Belieben mehr
1 EL Speisestärke

Für die Vanillecreme:
5 Eigelb, Größe M
80 g Zucker
2 ½ EL Speisestärke, alternativ Johannisbrotkernmehl
500 g Milch, 1,5 % Fett
Mark von 1 Vanilleschote
1 TL Butter

Für das Frosting:
80 g Butter, Zimmertemperatur, in Stücken
100 g Puderzucker
150 g Frischkäse
2 EL Himbeerpüree

außerdem:
sterilisiertes Schraubglas
2 Spritzbeutel

1. Heize als Erstes den Backofen auf 180°C Ober-/Unterhitze vor und fette die Muffinform ein oder lege sie mit Muffinförmchen aus Papier aus.

2. Setze den Schmetterling in den Mixtopf ein und rühre darin für den Teig Butter und Zucker 40 Sekunden/ Stufe 3 schaumig. Gib Ei und Vanilleextrakt dazu und verrühre die Zutaten 3 Minuten/ Stufe 3. Danach entfernst du den Schmetterling.

3. Als Nächstes vermischst du in einer Schüssel Mehl und Backpulver und gibst die Hälfte der Mischung mit einer Prise Salz in den Mixtopf. Vermische die Zutaten 30 Sekunden/ Stufe 3, gib die Milch hinzu und vermische sie weitere 30 Sekunden/ Stufe 3. Nun gibst du die restliche Mehlmischung hinzu und verrührst den Teig 1 Minute/ Stufe 3.

4. Verteile 2/3 des Teiges mithilfe von 2 Teelöffeln in die Mulden der Backform und backe die Cupcakes im vorgeheizten Ofen ca. 20–25 Minuten/ 180°C Ober-/Unterhitze goldbraun. Führe am Ende der Backzeit eine Stäbchenprobe durch und falls noch Teig am Stäbchen kleben bleibt, verlängere die Backzeit um ein paar Minuten. Reinige den Mixtopf.

Fortsetzung Zubereitung Seite 98

Fortsetzung Zubereitung Himbeer-Vanille-Cupcakes

5. In der Zwischenzeit verrührst du für die Füllung Himbeeren, Zucker und Stärke im Mixtopf 6 Minuten/ 100°C/ Stufe 2 zu einem Püree. Wenn du TK-Himbeeren verwendest, lässt du das Püree 8 Minuten/ 100°C/ Stufe 2 rühren. Entnimm 2 EL Püree für das Frosting und stelle es beiseite. Fülle den Rest des Pürees in ein sauberes Schraubglas um und stelle es im Kühlschrank kalt. Genieße den Rest zu Vanilleeis oder Pudding.

6. Reinige den Mixtopf gründlich und setze den Schmetterling ein. Verrühre nun für die Vanillecreme Eigelb mit Zucker im Mixtopf 2 Minuten/ Stufe 3. Gib die Stärke dazu und rühre sie 30 Sekunden/ Stufe 3 unter. Fülle die Eigelbmasse in eine separate Schüssel um.

7. Gib nun die Milch in den Mixtopf, kratze das Vanillemark aus der Schote und gib auch dieses in den Mixtopf dazu. Koche die Zutaten 7 Minuten/ 100°C/ Stufe 1 und lass anschließend die Mischung auf Stufe 3 ohne Zeiteinstellung weiterrühren. Gib dabei die schaumige Eigelbmasse tröpfchenweise durch die Deckelöffnung hinzu und lass sie gleichmäßig einrühren. Zum Schluss gibst du auch die Butter in den Mixtopf und lässt sie 30 Sekunden/ Stufe 3 unterrühren. Fülle die Creme in eine Schüssel um, bedecke diese mit Frischhaltefolie und stelle sie im Kühlschrank kalt.

8. Reinige den Mixtopf gründlich und setze den Schmetterling ein. Für das Frosting rührst du zuerst die Butter im Mixtopf 3 Minuten/ Stufe 3 schaumig und lässt das Gerät ohne Zeiteinstellung auf Stufe 3 weiterrühren. Gib dabei nach und nach den Puderzucker durch die Deckelöffnung hinzu und lass ihn gleichmäßig einrühren.

9. Fülle anschließend die Hälfte der Creme in eine Schüssel um und verrühre die im Mixtopf verbliebene Creme mit den 2 EL Himbeerpüree 1 Minute/ Stufe 3. Gib die Himbeer-Mischung in einen Spritzbeutel und stelle sie im Kühlschrank kalt. Die andere Hälfte der Creme aus der Schüssel gibst du zusammen mit dem Frischkäse in den Mixtopf und verrührst beides 5 Sekunden/ Stufe 3. Fülle diese Creme ebenfalls in einen Spritzbeutel und bewahre sie 20 Minuten im Kühlschrank auf.

10. Nach der Backzeit lässt du die Cupcakes auskühlen und schneidest dann mit einem Messer jeweils den Deckel der Cupcakes ab. Höhle die Cupcakes mithilfe eines kleinen Löffels aus und befülle sie in der Mitte mit einem Löffel Vanillecreme. Verteile eine frische Himbeere in jeden Cupcake und drücke diese vorsichtig ein. Bedecke die Cupcakes mit den jeweiligen Deckeln. Verziere anschließend die Cupcakes nach Lust und Laune mit dem Frosting und garniere sie wahlweise mit einer Himbeere.

Haselnuss-Cupcakes mit Pistazienkrokant

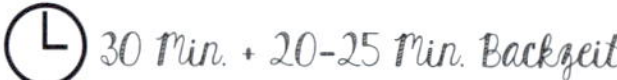

Zutaten

Für den Teig:
100 g Haselnusskerne
150 g Rapsöl + zum Einfetten
175 g Zucker
1 Prise Salz
1 Päckchen Vanillin-Zucker
4 Eier, Größe M
300 g Weizenmehl, Type 405
1 Päckchen Backpulver
50 g Schlagsahne

Für das Frosting:
60 g Butter, weich
200 g Puderzucker, gesiebt
60 g Nuss-Nougat-Creme
175 g Frischkäse
100 g Zucker
25 g Pistazien, gehackt

außerdem:
Spritzbeutel

1. Als Erstes zerkleinerst du die Nüsse im Mixtopf 3 Sekunden/ Stufe 5 und röstest diese anschließend in einer heißen Pfanne ohne Fett an. Fülle danach die gerösteten Nüsse in eine Schüssel um und lass sie abkühlen.

2. Setze nun den Schmetterling in den Mixtopf ein und rühre für den Teig Öl, Zucker, Salz und Vanillin-Zucker 1 Minute/ Stufe 3 cremig. Danach lässt du den Teig ohne Zeiteinstellung auf Stufe 3 weiterrühren und gibst die Eier nacheinander durch die Deckelöffnung dazu.

3. Entferne den Schmetterling aus dem Mixtopf und füge Mehl, Backpulver und Sahne hinzu. Verrühre die Zutaten 20 Sekunden/ Stufe 3 und mische anschließend die Nüsse mit dem Spatel unter.

4. Heize den Backofen auf 175°C Ober-/Unterhitze vor und fette die Muffinform ein oder lege sie mit Muffinförmchen aus Papier aus.

5. Verteile den Teig in die Mulden der Backform und backe die Muffins im vorgeheizten Ofen ca. 20–25 Minuten/ 175°C Ober-/ Unterhitze. Führe am Ende der Backzeit eine Stäbchenprobe durch und falls noch Teig am Stäbchen kleben bleibt, verlängere die Backzeit um ein paar Minuten. Lass die Muffins nach dem Backen auf einem Kuchengitter auskühlen.

6. Reinige den Mixtopf gründlich. Nach dem Auskühlen setzt du den Schmetterling in den Mixtopf ein und rührst darin für das Frosting Butter und Puderzucker 3 Minuten/ Stufe 3 cremig. Füge danach Nuss-Nougat-Creme und Frischkäse hinzu und vermische die Zutaten 20 Sekunden/ Stufe 3. Fülle anschließend die Masse in einen Spritzbeutel mit Sterntülle um und spritze Tuffs auf die Cupcakes.

7. Für den Krokant erhitzt du Zucker in einer Pfanne ohne Fett und bringst ihn unter ständigem Rühren zum Schmelzen. Gib die Pistazien dazu, rühre sie unter und streiche anschließend die Masse auf ein Backpapier. Lass die Masse abkühlen und breche sie dann in Stücke. Verziere die Cupcakes mit den Krokantstücken.

Erdbeer-Schoko-Cupcakes

Zutaten

Für den Teig:
200 g Zucker
110 g Weizenmehl, Type 405
40 g Backkakao
1 TL Backpulver
½ TL Natron
1 Prise Salz
1 Ei, Größe M
120 g Milch, 1,5 % Fett
1 TL Vanilleextrakt, z.B. von Dr. Oetker
55 g Rapsöl + zum Einfetten
120 g Wasser, heiß

Für die Füllung und das Topping:
6 EL Erdbeermarmelade
230 g Erdbeeren, geputzt
4 Eiweiß, Größe M
125 g Zucker
340 g Butter, weich, in Stücken
6 Yogurette-Schokoriegel, halbiert
12 Erdbeeren, gefriergetrocknet, in Stücken, z.B. von azafran

außerdem:
Spritzbeutel

1. Als Erstes heizt du den Backofen auf 180°C Ober-/Unterhitze vor. Fette die Muffinform ein oder lege sie mit Muffinförmchen aus Papier aus.

2. Verrühre für den Teig Zucker, Mehl, Backkakao, Backpulver, Natron und Salz im Mixtopf 10 Sekunden/ Stufe 3 und gib dann Ei, Milch, Vanilleextrakt und Öl hinzu. Vermische die Zutaten weitere 30 Sekunden/ Stufe 3. Gib anschließend das heiße Wasser in den Mixtopf und verrühre die Zutaten erneut 30 Sekunden/ Stufe 3.

3. Nun verteilst du den Teig mithilfe von 2 Teelöffeln in die Mulden der Backform und backst die Cupcakes im vorgeheizten Ofen ca. 20 Minuten/ 180°C Ober-/Unterhitze. Führe am Ende der Backzeit eine Stäbchenprobe durch und falls noch Teig am Stäbchen kleben bleibt, verlängere die Backzeit um ein paar Minuten. Nach dem Backen löst du die Cupcakes aus der Form und lässt sie abkühlen.

4. Nach dem Abkühlen schneidest du mit einem Löffel aus der Mitte der Cupcakes ein Stück heraus. Befülle die Cupcakes mit der Erdbeermarmelade und verschließe sie wieder mit dem herausgeschnittenen Stück.

5. Wasche und putze nun die Erdbeeren und püriere sie im Mixtopf 5 Sekunden/ Stufe 10. Fülle das Erdbeerpüree in eine separate Schüssel um und stelle diese in den Kühlschrank.

6. Reinige den Mixtopf gründlich. Er muss absolut fettfrei sein.

7. Setze den Schmetterling in den Mixtopf ein und schlage darin das Eiweiß 1,5 Minuten/ Stufe 4 steif. Rühre danach das Eiweiß auf Stufe 3 weiter und lass den Zucker durch die Deckelöffnung einrieseln. Gib die Hälfte der weichen Butter in den Mixtopf und rühre sie 30 Sekunden/ Stufe 3 unter. Gib danach die andere Hälfte der Butter hinzu und rühre diese ebenfalls 30 Sekunden/ Stufe 3 ein.

8. Anschließend gibst du das Erdbeerpüree in den Mixtopf und rührst es 10 Sekunden/ Stufe 3 unter. Fülle die Creme in einen Spritzbeutel um und verziere damit die Cupcakes. Garniere die Cupcakes zu guter Letzt jeweils mit einem Yogurettestück und einer getrockneten Erdbeere.

Schoko-Cupcakes mit Baiserhaube

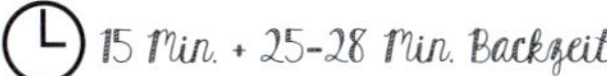

Zutaten

150 g Zartbitterschokolade, 70 % Kakao, grob zerkleinert
125 g Butter + zum Einfetten
225 g + 50 g Zucker
1 Päckchen Vanillin-Zucker
1 Prise Salz
4 Eier, Größe M
160 g Weizenmehl, Type 405
1 TL Backpulver
2 Eiweiß, Größe M
Puderzucker oder Goldstaub

außerdem:
Spritzbeutel

1. Heize zunächst den Backofen auf 150°C Umluft vor. Fette die Muffinform ein oder lege sie mit Muffinförmchen aus Papier aus.

2. Gib die Schokolade in den Mixtopf und zerkleinere sie 3 Sekunden/ Stufe 5. Schiebe die Reste mit dem Spatel nach unten. Füge Butter hinzu und bring die Schokolade 3 Minuten/ 55°C/ Stufe 2 zum Schmelzen.

3. Gib 225 g Zucker, Vanillin-Zucker, Salz, Eier, Mehl und Backpulver in den Mixtopf dazu und verrühre die Zutaten 2 Minuten/ Stufe 3 zu einem glatten Teig. Fülle den Teig mithilfe von 2 Teelöffeln in die vorbereiteten Mulden der Backform und backe die Cupcakes im vorgeheizten Ofen ca. 20 Minuten/ 150°C Umluft. Führe am Ende der Backzeit eine Stäbchenprobe durch und falls noch Teig am Stäbchen kleben bleibt, verlängere die Backzeit um ein paar Minuten. Reinige währenddessen den Mixtopf gründlich. Er muss fettfrei sein.

4. Nimm die Cupcakes aus dem Ofen und lass sie auf einem Kuchengitter auskühlen. Ca. 30 Minuten vor dem Servieren setzt du den Schmetterling in den Mixtopf ein. Gib das Eiweiß in den fettfreien Mixtopf und schlage es 1,5 Minuten/ Stufe 4 steif, dabei nach ca. 1 Minute den Zucker langsam durch die Deckelöffnung einrieseln lassen.

5. Heize den Backofen nun auf 175°C Umluft vor.

6. Fülle den Eischnee in einen Spritzbeutel und spritze ihn auf die Cupcakes. Backe sie im vorgeheizten Ofen 5–8 Minuten/ 175°C Umluft, bis das Baiser Farbe annimmt. Vor dem Servieren mit Puderzucker oder Goldstaub bestäuben.

Weiße Schokoladen-Cupcakes

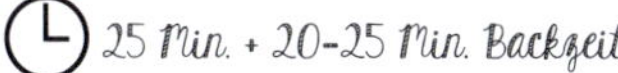

Zutaten

150 g Frischkäse
100 g Brotaufstrich, weiße Schokolade, z.B. von Grashoff
150 g weiße Schokolade, grob zerkleinert
180 g Milch, 1,5 % Fett
250 g Weizenmehl, Type 405
2 TL Backpulver
75 g Zucker
50 g Rapsöl + zum Einfetten
weiße Schokospäne zum Bestreuen

außerdem:
Spritzbeutel

1. Gib Frischkäse und den Schokoladen-Brotaufstrich in den Mixtopf und verrühre die Zutaten 30 Sekunden/ Stufe 3. Fülle die Mischung um, stelle sie kalt und spüle den Mixtopf aus.
2. Heize den Backofen auf 170°C Ober-/Unterhitze vor und fette die Muffinform ein oder lege sie mit Muffinförmchen aus Papier aus.
3. Gib die Schokolade in den Mixtopf und zerkleinere sie 3 Sekunden/ Stufe 6. Schiebe die Reste mit dem Spatel nach unten. Füge die Milch hinzu und lass die Schokolade 4 Minuten/ 60°C/ Stufe 2 schmelzen. Lass die Schokolade danach kurz abkühlen.
4. Vermische Mehl und Backpulver und füge die Mischung mit dem Zucker in den Mixtopf hinzu. Verrühre die Zutaten 10 Sekunden/ Stufe 3. Füge Rapsöl hinzu und vermische die Zutaten 1 Minute/ Stufe 3 zu einem glatten Teig.
5. Fülle den Teig mithilfe von 2 Teelöffeln gleichmäßig in die Mulden der Backform und backe die Cupcakes im vorgeheizten Ofen ca. 20–25 Minuten/ 170°C Ober-/Unterhitze. Führe am Ende der Backzeit eine Stäbchenprobe durch und falls noch Teig am Stäbchen kleben bleibt, verlängere die Backzeit um ein paar Minuten. Lass die Cupcakes anschließend vollständig auskühlen.
6. Fülle die kaltgestellte Schokoladencreme in einen Spritzbeutel und garniere die ausgekühlten Cupcakes damit. Bestreue die Cupcakes nach Belieben noch mit weißen Schokospänen.

Rhabarber-Cupcakes mit Baiser

12 Stück · leicht · 25 Min. + 30 Min. Backzeit

Zutaten

150 g Margarine, weich, in Stücken + zum Einfetten
100 g Zucker
Abrieb von 1 Bio-Zitrone
1 Prise Salz
3 Eier, Größe M
200 g Weizenmehl, Type 405
50 g Haselnüsse, gemahlen
3 TL Backpulver
20 g Milch, 1,5 % Fett
250 g Rhabarber, geputzt, gewaschen, in dünnen Streifen
100 g Puderzucker

außerdem:
Spritzbeutel

1. Heize als Erstes den Backofen auf 175°C Ober-/Unterhitze vor. Fette die Muffinform ein oder lege sie mit Muffinförmchen aus Papier aus.

2. Für den Teig setzt du den Schmetterling in den Mixtopf ein und schlägst darin Margarine, Zucker, Zitronenabrieb und Salz 1 Minute/ Stufe 3 auf. Trenne währenddessen die Eier und stelle das Eiweiß in einer Schüssel beiseite.

3. Lass den Teig anschließend ohne Zeiteinstellung auf Stufe 3 rühren und gib dabei die Eigelbe nacheinander durch die Deckelöffnung dazu. Danach entfernst du den Schmetterling und vermischst das Mehl mit den Haselnüssen und dem Backpulver in einer Schüssel. Gib Milch und Mehlmischung in den Mixtopf und vermische die Zutaten 2 Minuten/ Stufe 3 mithilfe des Spatels.

4. Wasche und putze den Rhabarber, schneide ihn in dünne Streifen und gib ihn zu dem Teig in den Mixtopf. Hebe die Stücke mit dem Spatel unter den Teig und verteile den Teig mithilfe von 2 Teelöffeln in die Mulden der Backform. Backe die Cupcakes im vorgeheizten Ofen ca. 20 Minuten/ 175°C Ober-/Unterhitze. Führe am Ende der Backzeit eine Stäbchenprobe durch und falls noch Teig am Stäbchen kleben bleibt, verlängere die Backzeit um ein paar Minuten.

5. Währenddessen reinigst du den Mixtopf gründlich und setzt den Schmetterling ein. Schlage nun das Eiweiß im fettfreien Mixtopf 1,5 Minuten/ Stufe 4 steif. Danach lässt du den Eischnee auf Stufe 3 ohne Zeiteinstellung rühren und lässt dabei den Puderzucker portionsweise durch die Deckelöffnung einrieseln. Fülle anschließend den Eischnee in einen Spritzbeutel.

6. Nach dem Backen nimmst du die Cupcakes aus dem Ofen und verteilst den Eischnee auf ihnen. Backe diese dann im Ofen weitere 10 Minuten/ 175°C Ober-/Unterhitze, bis der Baiser eine schöne, leicht braune Farbe hat. Nach dem Backen lässt du die Cupcakes auf einem Kuchengitter auskühlen.

Sylvias Hobbyraum ist die Küche, hier wird nicht nur gekocht und probiert, sondern auch gebacken … Zum ersten Mal mit dem Thermomix® in Berührung kam sie vor ca. 5 Jahren und seitdem ist er ihr ein unerlässlicher Begleiter in der Küche.

Im Büro beliebt, im Freundes- und Familienkreis bewundert, sind die wunderbaren Backergebnisse, die – meist am gleichen Tag noch – auf den Tisch kommen. Frisch und manchmal noch warm schmecken die Muffins am besten. Cupcakes müssen zumeist noch in den Kühlschrank, um das Topping zu festigen.
Der Phantasie der Beigaben sind keine Grenzen gesetzt und so lohnt es sich wirklich, dass ein oder andere Obst – auch je nach Jahreszeit – einfach einmal auszuprobieren. Süß, herzhaft, fruchtig oder vegan, je nach Geschmack, Lust und Laune.

Wie beim Kuchen handelt es sich auch beim Muffin häufig um einen einfachen Rührteig. Ohne weitere Zutaten kann der Muffin ganz schlicht gehalten werden. Mit Schokolade oder Obst können weitere Zutaten in den Teig kommen. Cupcakes dagegen sind etwas aufwendiger. Man könnte auch sagen, Cupcakes sind Torten im Miniaturformat. Gerade das cremige Topping unterscheidet den Cupcake vom Muffin.

In Sylvias Küche sind sowohl Cupcake- als auch Muffinrezepte beliebt und daher konnte sie sich nicht für eins entscheiden, sondern es sollte gleich ein Buch für beide Varianten werden. Wir sind ganz begeistert.

Findet selbst heraus, was euer Favorit ist! Sylvia wünscht euch viel Spaß beim Nachbacken!

Weitere Titel der Autorin

mixtipp:
Italienische Küche
112 Seiten,
Format: 17 x 24 cm,
Klappenbroschur,
durchgehend farbig bebildert,
ISBN: 978-3-96058-038-6, **9,99 €**

Bella Italia! Wer liebt sie nicht, die italienische Küche? Pizza, Pasta und ganz viel Amore. Das Team mixtipp ist mit der Autorin Sylvia Lühert gemeinsam auf eine kulinarische Reise durch Italien gegangen. Sie hat über 40 Rezepte zusammengestellt, die die Vielfalt der italienischen Küche widerspiegeln. Von Bruschetta mit Avocado und Mozzarella über die klassische Lasagne al forno, bis hin zu Haselnuss-Panna-Cotta oder schnellem Tartufo. Für jeden ist etwas dabei! Zaubere dir mit dem TM31® oder 5® italienisches Flair in dein Zuhause!
Wir wünschen dir viel Spaß beim Nachkochen der Rezepte!

mixtipp:
Lieblings-Leckerlis
112 Seiten,
Format: 17 x 24 cm,
Klappenbroschur,
durchgehend farbig bebildert,
ISBN: 978-3-96058-998-3, **9,99 €**

Du hast den Thermomix® in deiner Küche stehen und schon viele leckere Gerichte für dich und deine Familie gezaubert. Aber was ist eigentlich mit dem besten Freund des Menschen? Unsere Autorin Sylvia Lühert möchte, dass auch ihr Hund nicht auf liebevoll kreierte Leckereien verzichten muss. Nicht nur wir Zweibeiner wollen Essen aus erlesenen Zutaten erhalten, auch für die Vierbeiner soll es nur das Beste geben.
Mit Zutaten wie Haferflocken, Fleisch und Fisch unterschiedlichster Art hat Sylvia Lühert experimentiert und viele leckere Leckerli-Rezepte kreiert. So ist heute nicht nur ihr eigener Hund großer Thermomix®- Fan, auch wir vom Team mixtipp waren sofort über-zeugt! Bei den über 40 Rezepten ist für jeden Hundegeschmack etwas dabei! Außerdem laden die Rezepte dazu ein, selbst kreativ zu werden, um Lieblings-Leckerlis für deinen Hund zu kreieren. Wir wünschen dir viel Spaß beim Ausprobieren. Dein treuer Gefährte wird es dir danken! Wuff!

mixtipp:
Winzerküche
ca. 120 Seiten,
Format: 21 x 26 cm,
Hardcover,
durchgehend farbig bebildert,
ISBN: 978-3-96058-340-0, **19,99** €
Erscheint ca. Oktober 2020

Sylvia Lühert und Dorothee Holsten eint so einiges: Sie sind dicke Freundinnen, wohnen an der herrlichen Terrassenmosel bei Koblenz, kochen leidenschaftlich für das MIXX-Magazin und lieben die deftige Winzerküche. Doch lassen sich die traditionellen Gerichte aus Straußenwirtschaft, Weinberg & Co. in modernes Kochen mit dem Thermomix® übersetzen? Dieses Kochbuch beweist es: Was laut Zeitachse erst einmal widersprüchlich wirkt, bringen die beiden auf delikate Weise zusammen. Teils historisch überlieferte Rezepte kommen in diesem Kochbuch pfiffig verfeinert daher, regionalen Produkten wurde das Feinschmecker-Krönchen aufgesetzt. Riesling, Weinbergspfirsich und Trester helfen dabei. Und natürlich der Thermomix® als geschätzter Dreh- und Angelpunkt für modernes Kochen. Du wirst die Rezepte lieben!